从零开始学法律

农民工法律常识88问

杜绮琪 —— 著

中国法制出版社
CHINA LEGAL PUBLISHING HOUSE

图书在版编目（CIP）数据

从零开始学法律. 农民工法律常识 88 问 / 杜绮琪著. -- 北京：中国法制出版社，2025.1
ISBN 978-7-5216-4334-3

Ⅰ. ①从… Ⅱ. ①杜… Ⅲ. ①法律－基本知识－中国 Ⅳ. ① D920.4

中国国家版本馆 CIP 数据核字（2024）第 052025 号

策划编辑：成知博（chengzhibo@zgfzs.com）
责任编辑：刘海龙　　　　　　　　　　　　　　　　封面设计：杨鑫宇

从零开始学法律. 农民工法律常识 88 问
CONG LING KAISHI XUE FALÜ. NONGMINGONG FALÜ CHANGSHI 88 WEN

著者 / 杜绮琪
经销 / 新华书店
印刷 / 三河市国英印务有限公司
开本 / 880 毫米 ×1230 毫米　32 开　　　　　　　印张 / 7.25　字数 / 68 千
版次 / 2025 年 1 月第 1 版　　　　　　　　　　　2025 年 1 月第 1 次印刷

中国法制出版社出版
书号 ISBN 978-7-5216-4334-3　　　　　　　　　　　　　　定价：29.80 元

北京市西城区西便门西里甲 16 号西便门办公区
邮政编码：100053　　　　　　　　　　　　　　　传真：010-63141600
网址：http://www.zgfzs.com　　　　　　　　　　编辑部电话：010-63141814
市场营销部电话：010-63141612　　　　　　　　　印务部电话：010-63141606

（如有印装质量问题，请与本社印务部联系。）

一、劳动关系的确认

第1问
我没有签订劳动合同,能否确认劳动关系? _003

第2问
我在老乡新开的饭店帮工,构成劳动关系吗? _005

第3问
我在工地打工,我和包工头之间是什么用工关系呢? _007

第4问
我初中毕业就外出打工,受《劳动法》保护吗? _009

第5问
我被公司聘用为保洁人员,每天工作三小时,公司认为我是"兼职",故不与我确认劳动关系,公司这样做对吗? _012

二、劳动合同的履行和变更

第6问
劳动合同应该约定哪些内容呢? _015

第7问

用人单位在未与我订立书面劳动合同期间,都要支付我二倍工资吗? _017

第8问

我工作一年半但没签劳动合同,现主张二倍工资差额还能被支持吗? _020

第9问

为防止我返乡,用人单位在劳动合同上约定我的身份证归单位保管,合法吗? _023

第10问

试用期是用人单位想约定多久就约定多久,且可以随意终止的吗? _024

第11问

用人单位调整我的工作地点和工作岗位,我可以拒绝吗? _027

第12问

用人单位可以以我考核不通过为由对我降职降薪吗? _029

第13问

劳动合同中可以随意约定解除劳动合同的情形吗? _031

第14问

劳动合同中可以随意约定由员工支付违约金的情形吗? _034

目录

三、劳动合同的解除和终止

第15问
我的劳动合同即将期满终止,如不续约,用人单位应给予我补偿吗? _037

第16问
用人单位提前三十天通知我或者补我一个月工资作为"代通知金",就可以解除劳动合同吗? _039

第17问
公司要与我解除劳动合同,在哪些情形下,公司应向我支付经济补偿? _041

第18问
公司要与我解除劳动合同,在哪些情形下,公司应向我支付赔偿金? _044

第19问
我是自愿辞职的,能要求用人单位支付经济补偿吗? _048

第20问
经济补偿和赔偿金应当如何计算? _050

第21问
用人单位因我不是本地人而辞退我,合法吗? _054

第22问
我已签订解除劳动合同协议,但后悔了,还可以申请仲裁,要求提高协议金额吗? _055

四、工资报酬

第 23 问
厂长说我上班第一周是"试工",没有工资,合法吗? _059

第 24 问
过年返乡,用人单位可以押我一个月的工资作为"返岗保证金"吗? _061

第 25 问
工资是用人单位想给多少就给多少的吗? _063

第 26 问
我是安装工,一周工作五日,每日工作八小时,月工资五千元,如用人单位要求我加班,应支付我多少加班费? _064

第 27 问
用人单位拖欠农民工工资怎么办? _069

第 28 问
工厂拖欠我工资时,我可以要求老板支付吗? _071

第 29 问
不具备合法经营资格的包工头在收到工程款后欠付我的工资,我可以要求发包单位清偿吗? _073

第 30 问
我所在的施工队挂靠在有合法经营资格的工程公司名下施工,完工后施工队拖欠我的工资,我可以要求挂靠公司清偿吗? _075

目录

第31问
施工队因建设单位欠付工程款而拖欠我的工资，我可以找谁清偿工资？ _077

第32问
因建设单位拖欠工程款，我们的施工单位向法院申请执行建设单位名下财产，我们可以要求法院在建设单位的财产中优先给付我们的工资吗？ _079

第33问
农民工工资被拖欠，生活困难急需用钱，诉诸法院会不会很久才能拿回工资？ _081

五、社会保险与住房公积金

第34问
用人单位要求我支付五险一金的全部费用，合法吗？ _085

第35问
用人单位要求我出具放弃缴纳五险一金的声明，合法吗？ _087

第36问
用人单位可以将应缴纳的五险一金以补贴的形式发给我吗？ _088

第37问
用人单位不给我缴五险一金，我该怎么办？ _090

第38问
到外省务工，我在老家交的养老保险还作数吗？ _091

第 39 问
工作地的养老保险待遇比老家的高，我一定可以享受工作地的养老保险待遇吗？ _092

第 40 问
我因在异地工作需要异地就医，能享受医保待遇吗？ _094

第 41 问
我到外地找工作期间无业，可以领取失业保险金吗？ _096

第 42 问
我的社保必须从老家转移到工作地吗？如何转移？ _098

第 43 问
有的农民工不符合参加基本养老保险和职工基本医疗保险的主体资格，怎么办？ _100

六、工伤及工伤保险

第 44 问
我在工作时间、工作场所内受伤，一定能认定为工伤吗？ _105

第 45 问
我在下班回宿舍途中因发生交通事故而受伤，能认定为工伤吗？ _107

第 46 问
家在农村，我因春节假期下班后返乡或假期结束返岗途中发生交通事故而受伤，能认定为工伤吗？ _109

目录

第 47 问
农民工在超过法定退休年龄后外出务工受伤,能认定为工伤吗? ___111

第 48 问
我被个人包工头雇佣施工受伤,或者被个人车主雇佣运货受伤,不构成劳动关系,还能认定为工伤吗? ___113

第 49 问
用人单位不申请工伤认定,农民工应该如何自行申请工伤认定? ___116

第 50 问
工伤保险待遇有哪些?怎么计算? ___119

第 51 问
用人单位没有参加工伤保险,我还能享受工伤保险待遇吗? ___126

七、侵权纠纷

第 52 问
我搭乘同乡的免费顺风车返乡时,因同乡全责导致的交通事故而受伤,我可以要求同乡承担赔偿责任吗? ___129

第 53 问
为公司开车送货时发生交通事故,造成他人受伤,我需要承担赔偿责任吗? ___130

007

第 54 问

我是外卖员，在送外卖途中不慎撞伤人，我需要承担赔偿责任吗？ _131

第 55 问

我骑电动自行车与小汽车相撞，需要承担赔偿责任吗？ _135

第 56 问

外来务工人员的未成年子女在校园受伤，可以向谁追责？ _138

第 57 问

我在出租屋触电受伤，可以向谁主张赔偿责任？ _141

第 58 问

农民工在城镇务工遭受人身损害，受偿标准是按农村标准计算还是按城镇标准计算？ _143

八、土地、林地与村民权益

第 59 问

长期在外务工的我回乡后准备耕种自己的土地，但因记不清自己土地的四至而与相邻土地的村民产生争议，我应该如何处理？ _147

第 60 问

我因外出务工长期没有耕种自己承包的土地，会导致土地被收回吗？ _149

第 61 问

我担心外出务工后承包的土地会被收回，该怎么办？ _150

目录

第62问
农民工如在城镇落户，还享有宅基地使用权吗？ _151

第63问
同村村民在我外出务工期间私自砍伐我在自留地上种植的林木，我可以要求赔偿吗？他需要承担行政或者刑事责任吗？ _153

第64问
农民外出务工或者在城镇落户，还能享受农村的股权分红吗？ _155

第65问
哪些事项要由村民会议决定？我外出务工无法参加村民会议，会议所作决定有效吗？如果决定对我不利，我该怎么做？ _157

九、民间借贷

第66问
我在2023年1月15日借钱给同乡回家过春节，约定利息按月利率2%支付，合法吗？ _163

第67问
我借钱给同乡时仅约定要给利息，但没有约定利息计算方式，我向法院主张借期内利息会被支持吗？ _167

第68问
我借钱给同乡时没有约定任何利息利率，现因同乡逾期还款，我向法院主张逾期利息会被支持吗？ _169

第69问
我借钱给同乡时没有约定还款时间，怎么办？ _171

009

第70问
我借款给同乡，但只有转账凭证，没有借条，我可以起诉要求同乡还款吗？ _173

第71问
同乡在婚内向我借钱，我能以属于夫妻共同债务为由要求同乡和同乡的妻子共同向我还款吗？ _175

十、房屋租赁

第72问
如果我将农村闲置的房屋出租，最长可以出租多少年？ _179

第73问
房东收取租房定金后反悔拒租的，我可以要求房东退回定金吗？ _180

第74问
我在征得出租人同意后，对出租屋进行了装修装饰，退租时我能将可拆分的装饰物品带走吗？ _182

第75问
二房东欠租，房东要我腾退怎么办？ _185

第76问
我因更换工作地点提前退租，房东因此不退押金合法吗？ _188

第77问
向房屋中介预交中介费后没租到房，我能要求退中介费吗？ _189

目录

十一、婚姻家庭

第78问
在外务工时结婚或离婚,是否一定要回乡才能办理登记手续? _193

第79问
我长期在外务工与配偶分居,是否分居超过两年就可以离婚? _195

第80问
我外出务工赚钱养家,配偶在村里带娃没有收入,我的工资是我的个人财产吗? _198

第81问
我和我的配偶外出务工,由谁监护在农村留守的子女? _200

第82问
落户城镇可以继承父母在村里的宅基地和房屋吗? _203

第83问
父亲去世,我还可以继续承包父亲承包的土地并继承父亲承包土地的收益吗? _205

第84问
父亲因病去世,没有遗嘱,兄弟以我长期在外务工为由不让我继承父亲的遗产,合法吗? _206

十二、争议解决

第85问
农民工被欠薪但没钱打官司,能申请法律援助吗? _211

011

第 86 问
如何申请法律援助? _213

第 87 问
如何申请劳动仲裁? _215

第 88 问
农民工学习法律知识的网站有哪些? _218

一、劳动关系的确认

 导读

您是否认为,"农民工"只是建筑工地上的施工人员?您是否认为,只要您"打工",或者签订了劳动合同,就是劳动者,就应受到《劳动法》等相关法律法规的保护?然而,法律规定并非如此。

首先,您需要学习以下法律常识:

1.农民工是指为用人单位提供劳动的农村居民,故农民工并不局限于建筑工地上的施工人员。

2."打工"不一定形成劳动关系,也有可能形成劳务关系。

3.并非全部因"打工"形成的关系都受到《劳动法》《劳动合同法》的保护,实际上,我国《劳动法》《劳动合同法》仅约束劳动关系,其他关系则受《民法典》等法律约束。

4.劳动关系的主体包括用人单位和劳动者,其主体资格是法定的。

5.没有签订劳动合同,但符合法定情形的,可以确定为劳动关系;签订了劳动合同,但没有履行劳动合同的权利义务的,未必能确定为劳动关系。

接下来,请您带着以上常识进入问答,进一步了解农民工"打工"形成的关系。

一、劳动关系的确认

第 1 问

我没有签订劳动合同，能否确认劳动关系？

《劳动合同法》第七条规定，"用人单位自用工之日起即与劳动者建立劳动关系"。第十条规定："建立劳动关系，应当订立书面劳动合同。已建立劳动关系，未同时订立书面劳动合同的，应当自用工之日起一个月内订立书面劳动合同。用人单位与劳动者在用工前订立劳动合同的，劳动关系自用工之日起建立。"

《劳动和社会保障部[①]关于确立劳动关系有关事项的通知》规定："一、用人单位招用劳动者未订立书面劳动合同，但同时具备下列情形的，劳动关系成立。（一）用人单位和劳动者符合法律、法规规定的主体资格；（二）用人单位依法制定的各项劳动规章制度适用于劳动者，劳动者受用人单位的劳动管理，从事用人单位安排的有报酬的劳动；（三）劳动者提供的劳动是用人单位业务的组成部分。"

由此可见，劳动关系的建立不以订立书面劳动合同为必要前

---

① 现为人力资源和社会保障部，下同。

提，而是自用工之日起建立。如果您和单位没有签订书面劳动合同，但您和单位之间的用工关系符合《劳动和社会保障部关于确立劳动关系有关事项的通知》第一条规定的情形，则也可以确定为劳动关系。

因此，如果您和您的单位符合劳动关系的主体资格，您接受单位的监督管理、接受单位的工作安排、收取与自身付出劳动相对应的报酬，且您提供的劳动是单位业务的组成部分，则您和单位已经形成人身隶属性和经济依附性，您与单位构成事实上的劳动关系，即便您没有和单位签订劳动合同，您和单位之间的劳动关系也应得到确认。

一、劳动关系的确认

第2问

我在老乡新开的饭店帮工，构成劳动关系吗？

帮工是一种为他人提供无偿劳务的行为，实际上属于劳务关系，与劳动关系有着非常明显的区别，具体区别详见表1-1。

表1-1　劳动关系与帮工关系的区别

区别	劳动关系	帮工关系 （无偿提供劳务的劳务关系）
主体资格	有法律限制	没有法律限制
主体地位	管理与被管理	不管理也不受管理
有无报酬	有报酬	无报酬
关系稳定性	通常为长期关系，更规范、稳定	通常为临时性关系
争议解决方式	劳动仲裁、劳动仲裁后可民事诉讼	民事诉讼
法律适用	《劳动法》《劳动合同法》等专门的劳动法律法规	《民法典》

005

续表

区别	劳动关系	帮工关系（无偿提供劳务的劳务关系）
自身受损赔偿责任分配	工伤保险待遇	帮工人和被帮工人承担过错责任，被帮工人明确拒绝帮工的不担责，但可在受益范围内适当补偿
给他人致损赔偿责任分配	用人单位承担	被帮工人担责，担责后可向有故意或者重大过失的帮工人追偿，被帮工人明确拒绝帮工的不担责

从上表可知，您在老乡新开的饭店帮工，不能认定你们之间存在劳动关系。如果您有您接受饭店管理，遵守饭店纪律，老乡或饭店向您支付报酬等证据，你们之间的关系才存在被认定为已形成事实劳动关系的可能性。

第3问

我在工地打工，我和包工头之间是什么用工关系呢？

《劳动合同法》第二条规定："中华人民共和国境内的企业、个体经济组织、民办非企业单位等组织（以下称用人单位）与劳动者建立劳动关系，订立、履行、变更、解除或者终止劳动合同，适用本法。国家机关、事业单位、社会团体和与其建立劳动关系的劳动者，订立、履行、变更、解除或者终止劳动合同，依照本法执行。"

《劳动和社会保障部关于确立劳动关系有关事项的通知》规定："一、用人单位招用劳动者未订立书面劳动合同，但同时具备下列情形的，劳动关系成立。（一）用人单位和劳动者符合法律、法规规定的主体资格……"

由此可见，您和包工头之间是否存在劳动关系，应当先看您和包工头是否符合法律、法规规定的主体资格。对于包工头能否成为用人单位，应从其是否属于《劳动合同法》第二条规定的中华人民共和国境内的企业、个体经济组织、民办非企业单位等组织，以及其是否属于与劳动者建立劳动关系的国家机关、事业单位、社会团体的角度进行判断。

如果包工头实际上是在我国境内依法登记成立的建筑工程施工公司的授权下录用您到工地打工，则包工头聘用您的行为属于职务行为，您实际上是被建筑工程施工公司聘用。在此情形下，建筑工程施工公司符合《劳动合同法》第二条规定的用人单位的主体资格。

如果包工头实际上是没有建筑施工资质的个人，则包工头不符合《劳动合同法》第二条规定的用人单位的主体资格，您与包工头之间不形成劳动关系，不受《劳动法》《劳动合同法》等劳动法律法规约束，但可能形成劳务关系，受《民法典》等法律法规约束。

一、劳动关系的确认

第4问

我初中毕业就外出打工，受《劳动法》保护吗？

《劳动法》第十五条规定："禁止用人单位招用未满十六周岁的未成年人。文艺、体育和特种工艺单位招用未满十六周岁的未成年人，必须遵守国家有关规定，并保障其接受义务教育的权利。"

《劳动法》保护劳动关系，而劳动关系是否成立，则应先查明您和单位是否均符合劳动关系的主体资格。从《劳动法》第十五条可知，如您初中毕业时已年满十六周岁，则符合成为劳动者的年龄条件。

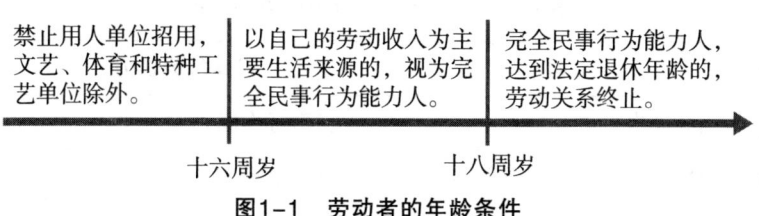

图1-1　劳动者的年龄条件

那么，符合成为劳动者年龄条件的人就一定能成为劳动者吗？

《民法典》第一百四十三条规定："具备下列条件的民事法律行为有效：（一）行为人具有相应的民事行为能力……"因此，成为劳动者不仅要符合年龄条件，还要符合能力要求，否则您与用人单位建立劳动关系的民事行为便是无效的。

那么，如何判断您是否具备建立劳动关系、成为劳动者的民事行为能力呢？

《民法典》第十七条至第二十二条规定，十八周岁以上的自然人以及十六周岁以上且以自己的劳动收入为主要生活来源的未成年人具有完全民事行为能力，可以独立实施民事法律行为。但是，前述两类人中不能完全辨认自己行为的属于限制民事行为能力人，只可独立实施纯获利益的民事法律行为或者与其智力、精神健康状况相适应的民事法律行为；不能辨认自己行为的属于无民事行为能力人，不可独立实施民事法律行为，具体关系详见表1-2。

表1-2　年龄与民事行为能力的关系

年龄	民事行为能力
不满八周岁	无民事行为能力
八周岁以上不满十六周岁	限制民事行为能力
十六周岁以上不满十八周岁	以自己的劳动收入为主要生活来源的，视为有完全民事行为能力，否则为限制民事行为能力
十八周岁以上	完全民事行为能力

一、劳动关系的确认

综上所述，如您初中毕业时已年满十六周岁，且智力、精神健康状况良好，能够完全辨认自己的行为，则您符合法律、法规规定的劳动者资格，可以依法与用人单位建立受劳动法律保护的劳动关系。

第 5 问

我被公司聘用为保洁人员，每天工作三小时，公司认为我是"兼职"，故不与我确认劳动关系，公司这样做对吗？

《劳动合同法》第六十八条规定："非全日制用工，是指以小时计酬为主，劳动者在同一用人单位一般平均每日工作时间不超过四小时，每周工作时间累计不超过二十四小时的用工形式。"

现实中的用工形式多样，除了常见的全日制用工外，还有工作时间较短的非全日制用工。由于您被公司聘用为保洁人员，每日工作时间为三小时，不超过四小时，每周工作时间累计不超过二十四小时，因此，您的工作属于"兼职"，实际上是《劳动合同法》中规定的非全日制用工，您与公司之间的用工关系应确认为劳动关系。

另外，根据《劳动合同法》第六十九条至第七十二条的规定，如您是非全日制用工，则公司不得跟您约定试用期。您的小时计酬标准不得低于公司所在地人民政府规定的最低小时工资标准，劳动报酬结算支付周期最长不得超过十五日。您和公司任何一方都可以随时通知对方终止用工，且公司不需要向您支付经济补偿。

二、劳动合同的履行和变更

 导读

您是否认为,有没有订立书面劳动合同都无关紧要?您是否认为,劳动合同的履行和变更都要听单位的?然而,法律规定并非如此。

首先,您需要学习以下法律常识:

1.订立书面劳动合同有利于确认劳动关系、确定用人单位和劳动者的权利义务、保障劳动者的合法权益。

2.虽然未订立书面劳动合同也可以确认劳动关系,但我国法律明确规定,用人单位应与劳动者订立书面劳动合同,否则用人单位就可能因未与劳动者订立书面劳动合同而向劳动者支付二倍的工资。

3.即使用人单位是管理者,有企业自主经营权,但也应依法履行和变更劳动合同,不得任意妄为。

接下来,请您带着以上常识进入问答,进一步了解劳动合同,了解劳动合同的履行和变更。

第6问

劳动合同应该约定哪些内容呢？

《劳动合同法》第十七条规定："劳动合同应当具备以下条款：（一）用人单位的名称、住所和法定代表人或者主要负责人；（二）劳动者的姓名、住址和居民身份证或者其他有效身份证件号码；（三）劳动合同期限；（四）工作内容和工作地点；（五）工作时间和休息休假；（六）劳动报酬；（七）社会保险；（八）劳动保护、劳动条件和职业危害防护；（九）法律、法规规定应当纳入劳动合同的其他事项。劳动合同除前款规定的必备条款外，用人单位与劳动者可以约定试用期、培训、保守秘密、补充保险和福利待遇等其他事项。"

从上述法律规定可知，劳动合同为要式合同，一份详尽的劳动合同应当具备《劳动合同法》第十七条规定的条款。

然而，在现实生活中，用人单位的法律意识和法律素养参差不齐，劳动合同的内容和形式各异，并非每份劳动合同的条款都能完全符合《劳动合同法》第十七条的规定。难道没有订立书面劳动合同就不受相关法律的约束了吗？劳动合同没有约定工作时间，用人单位就可以要求您超时工作、不支付加班工资吗？没有约定社会保险条款，用人单位就不需要为您缴纳社会保险费了吗？当然不是的。

举重以明轻，即使未订立书面劳动合同，只要符合《劳动和社会保障部关于确立劳动关系有关事项的通知》第一条规定的情形，仍应确认为劳动关系，并受相关法律法规的约束，更何况只是书面劳动合同缺少部分条款。

那么，万一遇到劳动纠纷，未订立书面劳动合同或者订立的劳动合同有瑕疵怎么办？您可以积极搜集证据并进行举证，如考勤表、工作牌、工资单、收取工资的银行交易记录、社保缴费明细表等，这些都可以证明您与单位存在事实上的劳动关系。但即便如此，仍建议您能与单位订立详尽的劳动合同，以更好地约束用人单位，更有效地保护您的合法权益。

二、劳动合同的履行和变更

第7问

用人单位在未与我订立书面劳动合同期间，都要支付我二倍工资吗？

用人单位是否应在未订立书面劳动合同期间向您支付二倍工资，与用工时间有紧密关系。我国法律法规在规定未订立书面劳动合同而向劳动者支付二倍工资的问题时，将用工时间分为三段，分别是：

1. 自用工之日起至满一个月；
2. 自用工满一个月的次日起至满一年的前一日；
3. 自用工满一年的当日起至劳动关系解除或终止。

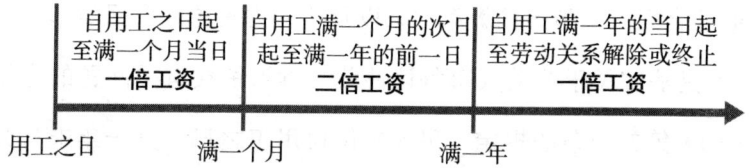

图2-1　未订立书面劳动合同而向劳动者支付二倍工资的时间

在第一段时间中，根据《劳动合同法》第十条第一款、第二款以及《劳动合同法实施条例》第五条的规定，用人单位与劳动者建立劳动关系的，应当订立书面劳动合同，在自用工之日起一个月的期限内订立书面劳动合同的均属合法。但在此期间，劳动者经用人单位书面通知后仍不订立书面劳动合同的，用人单位应书面通知劳动者终止劳动关系，且只需支付劳动者实际工作时间的劳动报酬，即一倍工资，不必因未订立书面劳动合同而向劳动者支付二倍工资。

在第二段时间中，根据《劳动合同法》第八十二条第一款和《劳动合同法实施条例》第六条、第七条的规定，用人单位自用工之日起超过一个月不满一年未与劳动者订立书面劳动合同的，如果在此期间有补订书面劳动合同，则应当向劳动者支付自满一个月的次日起至补订书面劳动合同的前一日的二倍工资；如果没有补订书面劳动合同，则应当支付自满一个月的次日起至满一年的前一日的二倍工资。

在第三段时间中，根据《劳动合同法》第十四条第三款、《劳动合同法实施条例》第七条以及《人力资源社会保障部、最高人民法院关于劳动人事争议仲裁与诉讼衔接有关问题的意见（一）》第二十条的规定，用人单位自用工之日起满一年未与劳动者订立书面劳动合同的，视为自满一年的当日已与劳动者订立无固定期限劳动合同，劳动者不可要求用人单位支付自满一年之后的二倍工资。

二、劳动合同的履行和变更

综上所述，用人单位没有和您签订书面劳动合同的，只有自用工满一个月的次日起至满一年的前一日期间用人单位需要向您支付二倍工资。值得注意的是，如果用人单位已向您支付这一期间的一倍工资作为劳动报酬，则您在申请仲裁时主张的应为二倍工资差额，即将一倍工资作为惩罚性赔偿。

第 8 问

我工作一年半但没签劳动合同，现主张二倍工资差额还能被支持吗？

虽然根据我国法律法规的规定，如用人单位一直没有与您订立书面劳动合同，则您可以主张用人单位支付自用工满一个月的次日起至满一年的前一日的二倍工资。但是，该主张应当在仲裁时效内提出。

什么是仲裁时效呢？我们可以将仲裁时效比喻成保质期，把二倍工资比喻成有保质期的美味蛋糕，如果您一直把蛋糕放在冰箱里，那么等到您想吃这块蛋糕时，蛋糕可能已经因过期变质而无法食用了。同理，如果您一直怠于行使权利，迟迟不向用人单位主张未订立书面劳动合同的二倍工资，那么等到您申请仲裁提出主张时，您的主张很可能因为已经过了仲裁时效而不被支持。

那仲裁时效是多久呢？根据《劳动争议调解仲裁法》第二十七条的规定，劳动争议的仲裁时效除出现中断、中止的情形外，可以归纳如下：

1.一般的劳动争议：当事人应从知道或者应当知道其权利被

二、劳动合同的履行和变更

侵害之日起一年内申请仲裁。

2.因拖欠劳动报酬发生的劳动争议：劳动关系存续期间劳动者可随时提出仲裁申请，但劳动关系终止的，劳动者应当自劳动关系终止之日起一年内申请仲裁。

在因未订立书面劳动合同主张的二倍工资中，一倍为劳动者提供劳动的劳动报酬，适用劳动报酬的特别仲裁时效；一倍为惩罚性赔偿，适用一年的普通仲裁时效。如果在用人单位正常支付劳动报酬或者劳动者另行主张欠付劳动报酬的情况下，劳动者可主张用人单位支付未订立劳动合同的二倍工资的差额，即是工资一倍的惩罚性赔偿。

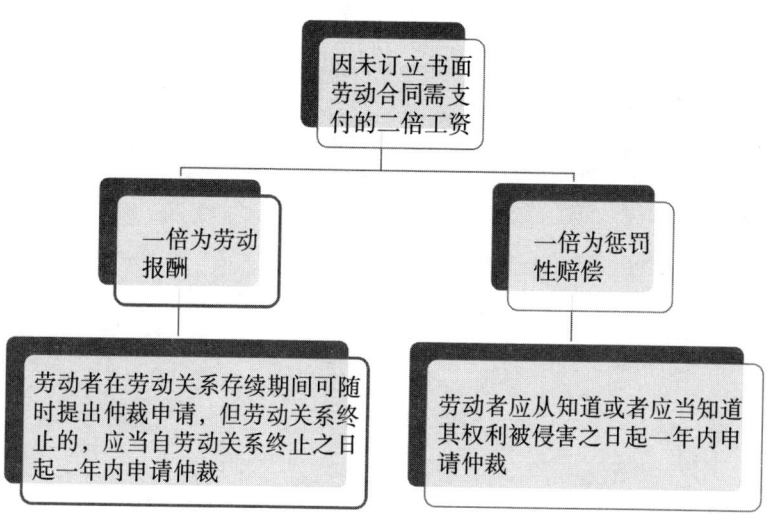

图2-2　因未订立书面劳动合同需支付的二倍工资构成

但是，由于目前我国法律并未对未订立书面劳动合同的二倍工资差额的"知道或者应当知道其权利被侵害之日"的具体起算时间进行规范，故我国各地在司法实践中对其存在不同的理解。您对二倍工资差额的主张能否被支持，需要根据仲裁地对未订立书面劳动合同的二倍工资差额的仲裁时效起算方式的理解进行分析。因此，如用人单位未与您订立书面劳动合同，您应积极、及时地主张权利，以避免您的主张因超过仲裁时效而不被支持。

二、劳动合同的履行和变更

第9问

为防止我返乡，用人单位在劳动合同上约定我的身份证归单位保管，合法吗？

《劳动合同法》第九条规定："用人单位招用劳动者，不得扣押劳动者的居民身份证和其他证件，不得要求劳动者提供担保或者以其他名义向劳动者收取财物。"第八十四条第一款规定："用人单位违反本法规定，扣押劳动者居民身份证等证件的，由劳动行政部门责令限期退还劳动者本人，并依照有关法律规定给予处罚。"

由此可见，用人单位扣押您身份证的行为系违法行为，您的身份证归您个人所有，用人单位没有权利以任何理由扣押您的身份证和户口簿、驾驶证、毕业证等其他证件。如果您的证件被用人单位扣押，您可以向人力资源和社会保障部门投诉，由人力资源和社会保障部门责令用人单位在限期内将证件退还给您。

第 10 问

试用期是用人单位想约定多久就约定多久，且可以随意终止的吗？

根据《劳动合同法》第十九条的规定，试用期不得随意约定，试用期可约定期限的长短与劳动合同期限的长短有关，但即使劳动合同期限再长，试用期可约定期限最长也不得超过六个月。劳动合同中的试用期可约定的期限详见表2-1。

表2-1 试用期的期限

劳动合同期限	试用期可约定期限
不满三个月	不得约定试用期
三个月以上不满一年	不得超过一个月
一年以上不满三年	不得超过二个月
三年以上固定期限和无固定期限	不得超过六个月

《劳动合同法》第二十条规定："劳动者在试用期的工资不得低于本单位相同岗位最低档工资或者劳动合同约定工资的百分之八十，并不得低于用人单位所在地的最低工资标准。"因此，部分用人单位想要通过分段多次约定试用期，或者只签订较长期限的"试用协议"而达到降低成本、压榨劳动者的目的。为避免此

二、劳动合同的履行和变更

种情形发生，《劳动合同法》第十九条第二款、第四款明确规定，同一用人单位与同一劳动者只能约定一次试用期，且试用期包含在劳动合同期限内。用人单位不得以"试用协议"等形式将试用期独立在劳动合同期限外，否则，试用期不成立。

根据《劳动合同法》第二十一条、第三十七条的规定，试用期内解除劳动合同的情形是法定的。由于解除劳动合同过程中劳动者通常是弱势的、权益更容易受损的一方，故法律对用人单位解除劳动合同的行为作了较为严格的要求。无论是否在试用期内，除非您存在用人单位可依法解除劳动合同的情形，否则用人单位均不得随意解除劳动合同；而如您在试用期内想要解除劳动合同，则只需要提前三日通知用人单位。具体内容详见表2-2。

表2-2　试用期劳动合同合法解除情形

提出解除方	试用期劳动合同合法解除情形
用人单位	劳动者有以下情形的，用人单位可以解除劳动合同，但应当向劳动者说明理由： （1）在试用期间被证明不符合录用条件的； （2）严重违反用人单位的规章制度的； （3）严重失职，营私舞弊，给用人单位造成重大损害的；

续表

提出解除方	试用期劳动合同合法解除情形
	（4）劳动者同时与其他用人单位建立劳动关系，对完成本单位的工作任务造成严重影响，或者经用人单位提出，拒不改正的； （5）以欺诈、胁迫手段或者乘人之危，使用人单位在违背真实意思的情况下订立劳动合同致使劳动合同无效的； （6）被依法追究刑事责任的； （7）患病或者非因工负伤，在规定的医疗期满后不能从事原工作，也不能从事由用人单位另行安排的工作的； （8）不能胜任工作，经过培训或者调整工作岗位，仍不能胜任工作的
劳动者	提前三日通知用人单位即可解除劳动合同

二、劳动合同的履行和变更

第 11 问

用人单位调整我的工作地点和工作岗位，我可以拒绝吗？

《就业促进法》第八条第一款规定："用人单位依法享有自主用人的权利。"调整工作地点、工作岗位和工作内容是用人单位行使自主用工权的方式之一，但权利的行使必须合理，不得滥用。调整工作地点、工作岗位的合理性可从以下方面综合判断。

1.合同约定：用人单位和劳动者是否认可企业的用工自主权且有共识，调整内容是否可能造成合同的较大变更，如合同是否明确了可以根据生产经营需要调整工作地点、是否明确了可能的工作地点、是否明确了用人单位的经营模式、是否明确了劳动者工作岗位的性质决定工作地点的可流动性与不固定性等；

2.调整原因：调整是否基于生产经营的需要，而不是个人针对等带有歧视性、侮辱性的不合理原因；

3.劳动报酬：调整是否造成劳动者的薪资减少，是否导致劳动者的利益减损；

4.工作内容：调整的岗位工作内容是否与原岗位相近，劳动者能否胜任调整后的岗位；

5.劳动条件和环境：调整是否会导致劳动者的劳动条件和劳动环境恶化；

6.补救措施：工作地点的变更是否给劳动者的生活带来较大影响，用人单位是否提供了必要的协助或给予了补偿等。

如果用人单位调整您的工作地点和工作岗位的行为不具备合理性，则您可以拒绝调整并主张相应权利。但是，如果您拒绝调整，您应该保留拒绝调整的证据，例如，您可以书面告知用人单位因调整存在不合理而拒绝调整；您也可以要求用人单位出具书面调整通知，并在收到通知后及时将不同意调整的意见及原因书面回复用人单位，并要求用人单位签收。

应注意的是，拒绝调整不代表您可以违反规章制度。为防止您从"有理方"变成"无理方"，您在与用人单位协商或申请仲裁期间应继续上班，避免因旷工导致严重违反规章制度，使用人单位有合法解除劳动合同的理由。

二、劳动合同的履行和变更

第 12 问

用人单位可以以我考核不通过为由对我降职降薪吗？

现今社会，用人单位大多采用绩效考核的方式调整劳动者的岗位和薪酬待遇，这种方式能对劳动者起到激励作用，有利于提升用人单位的效率、活力与竞争力，是用人单位根据《就业促进法》第八条规定依法享有自主用人权的体现。但是，考核并根据考核结果进行调岗调薪属于用人单位制定、修改或者决定有关劳动报酬、劳动纪律等直接涉及劳动者切身利益的重大事项，如没有合法程序进行制约，极有可能造成劳动者利益的减损。那么，应该通过怎样的合法程序进行制约呢？

《劳动合同法》第四条规定："用人单位应当依法建立和完善劳动规章制度，保障劳动者享有劳动权利、履行劳动义务。用人单位在制定、修改或者决定有关劳动报酬、工作时间、休息休假、劳动安全卫生、保险福利、职工培训、劳动纪律以及劳动定额管理等直接涉及劳动者切身利益的规章制度或者重大事项时，应当经职工代表大会或者全体职工讨论，提出方案和意见，与工会或者职工代表平等协商确定。在规章制度和重大事项决定实施过程中，工会或者职工认为不适当的，有权向用人单位提出，通过协商予以修改完善。用人单位应当将直接涉及劳动者切身利益的规章制度和重大事项决定公示，或者告知劳动者。"

因此，用人单位通过考核对劳动者降职降薪时，考核标准、方式等考核规定和职薪调整方案应当经过职工代表大会或全体职工平等协商、民主决策，用人单位完成考核规定和职薪调整方案的民主决策后，应将决策结果公示或告知劳动者。同时，考核规定和职薪调整方案的实施过程应当依法、依规、公开、公平。如果用人单位的考核规定和职薪调整方案没有经过民主决策，没有公示告知，没有依法依规实施，用人单位就不可以以考核不通过为由对劳动者降职降薪。

二、劳动合同的履行和变更

第 13 问

劳动合同中可以随意约定解除劳动合同的情形吗？

劳动关系是一种极为普遍的民事法律关系，社会需要稳定、和谐的劳动关系以推动国家的产业经济发展。如果解除劳动合同的条件可以被随意约定，那么劳动纠纷就将大量增加，劳动者的合法权益将难以得到保障，劳动关系将陷入动荡，社会稳定将难以维系，社会发展将难以持续。为避免上述情形的发生，在我国，劳动合同的解除情形是法定的，《劳动合同法实施条例》第十九条对用人单位可以与劳动者解除劳动合同的情形进行了穷尽式列举，也就是说，除列举的情形外，单位不可以在劳动合同中随意约定解除劳动合同的其他情形。

那么，用人单位依法可以与劳动者解除劳动合同的情形有哪些呢？

《劳动合同法实施条例》第十九条规定："有下列情形之一的，依照劳动合同法规定的条件、程序，用人单位可以与劳动者解除固定期限劳动合同、无固定期限劳动合同或者以完成

031

一定工作任务为期限的劳动合同：（一）用人单位与劳动者协商一致的；（二）劳动者在试用期间被证明不符合录用条件的；（三）劳动者严重违反用人单位的规章制度的；（四）劳动者严重失职，营私舞弊，给用人单位造成重大损害的；（五）劳动者同时与其他用人单位建立劳动关系，对完成本单位的工作任务造成严重影响，或者经用人单位提出，拒不改正的；（六）劳动者以欺诈、胁迫的手段或者乘人之危，使用人单位在违背真实意思的情况下订立或者变更劳动合同的；（七）劳动者被依法追究刑事责任的；（八）劳动者患病或者非因工负伤，在规定的医疗期满后不能从事原工作，也不能从事由用人单位另行安排的工作的；（九）劳动者不能胜任工作，经过培训或者调整工作岗位，仍不能胜任工作的；（十）劳动合同订立时所依据的客观情况发生重大变化，致使劳动合同无法履行，经用人单位与劳动者协商，未能就变更劳动合同内容达成协议的；（十一）用人单位依照企业破产法规定进行重整的；（十二）用人单位生产经营发生严重困难的；（十三）企业转产、重大技术革新或者经营方式调整，经变更劳动合同后，仍需裁减人员的；（十四）其他因劳动合同订立时所依据的客观经济情况发生重大变化，致使劳动合同无法履行的。"

但是，《劳动合同法》第四十二条规定了除外条款："劳动者

二、劳动合同的履行和变更

有下列情形之一的，用人单位不得按照本法第四十条、第四十一条的规定解除劳动合同：（一）从事接触职业病危害作业的劳动者未进行离岗前职业健康检查，或者疑似职业病病人在诊断或者医学观察期间的；（二）在本单位患职业病或者因工负伤并被确认丧失或者部分丧失劳动能力的；（三）患病或者非因工负伤，在规定的医疗期内的；（四）女职工在孕期、产期、哺乳期的；（五）在本单位连续工作满十五年，且距法定退休年龄不足五年的；（六）法律、行政法规规定的其他情形。"

值得注意的是，《劳动合同法实施条例》第十九条第一项的"用人单位与劳动者协商一致"，应是指用人单位向劳动者提出解除劳动合同后，双方经协商达成解除协议，而不是指双方在劳动合同中即已约定解除合同的情形。

第 14 问

劳动合同中可以随意约定由员工支付违约金的情形吗？

《劳动合同法》第二十五条规定："除本法第二十二条和第二十三条规定的情形外，用人单位不得与劳动者约定由劳动者承担违约金。"可见，由劳动者承担违约金的情形是法定的，用人单位不得与劳动者在劳动合同中随意约定。

那么，用人单位可以与劳动者约定的由劳动者支付违约金的情形有哪些呢？《劳动合同法》第二十二条第二款规定："劳动者违反服务期约定的，应当按照约定向用人单位支付违约金。违约金的数额不得超过用人单位提供的培训费用。用人单位要求劳动者支付的违约金不得超过服务期尚未履行部分所应分摊的培训费用。"第二十三条第二款规定："对负有保密义务的劳动者，用人单位可以在劳动合同或者保密协议中与劳动者约定竞业限制条款，并约定在解除或者终止劳动合同后，在竞业限制期限内按月给予劳动者经济补偿。劳动者违反竞业限制约定的，应当按照约定向用人单位支付违约金。"

三、劳动合同的解除和终止

导读

您是否认为，用人单位可以随心所欲地解雇员工，想"炒"就"炒"？您是否认为，只要您被"炒鱿鱼"，就一定能获得经济补偿或赔偿金，而且还是单位想给多少就给多少？然而，法律规定并非如此。

首先，您需要学习以下法律常识：

1.法律法规明确规定了用人单位可以依法解除劳动合同的情形，除此以外，用人单位不得随意解除劳动合同，否则属于违法解除。

2.用人单位与您解除劳动合同，如果解除行为符合法律规定的应支付经济补偿或赔偿金的情形，那么用人单位应向您支付。

3.经济补偿和赔偿金的支付标准都有法律法规的明确规定。

如果说了解"劳动关系的确认"以及"劳动合同的履行和变更"是为了"好聚"，那接下来，请您带着以上常识进入问答，进一步了解在劳动关系中如何"好散"。

三、劳动合同的解除和终止

第15问

我的劳动合同即将期满终止，如不续约，用人单位应给予我补偿吗？

根据《劳动合同法》第四十四条第一项的规定，劳动合同期满的，劳动合同终止。《劳动合同法》第四十六条规定："有下列情形之一的，用人单位应当向劳动者支付经济补偿……（五）除用人单位维持或者提高劳动合同约定条件续订劳动合同，劳动者不同意续订的情形外，依照本法第四十四条第一项规定终止固定期限劳动合同的……"

综上，劳动合同期满终止的，用人单位是否需要支付经济补偿，分为以下情形讨论：

1.用人单位维持或者提高劳动合同约定条件续订劳动合同，劳动者不同意续订的，用人单位终止劳动合同不需要支付经济补偿；

2.用人单位降低劳动合同约定条件续订劳动合同，劳动者不同意续订的，用人单位终止劳动合同应支付经济补偿；

3.用人单位提出合同因期满终止且不续订劳动合同的，用人单位应支付经济补偿。

因此,您的劳动合同因期满终止的,用人单位是否需要向您支付经济补偿,应分情形判断。除了用人单位维持或提高劳动合同约定条件要跟您续约,但您拒绝续约的情形以外,用人单位均应支付您经济补偿。

第16问

用人单位提前三十天通知我或者补我一个月工资作为"代通知金",就可以解除劳动合同吗?

《劳动合同法》第四十条规定:"有下列情形之一的,用人单位提前三十日以书面形式通知劳动者本人或者额外支付劳动者一个月工资后,可以解除劳动合同:(一)劳动者患病或者非因工负伤,在规定的医疗期满后不能从事原工作,也不能从事由用人单位另行安排的工作的;(二)劳动者不能胜任工作,经过培训或者调整工作岗位,仍不能胜任工作的;(三)劳动合同订立时所依据的客观情况发生重大变化,致使劳动合同无法履行,经用人单位与劳动者协商,未能就变更劳动合同内容达成协议的。"

此前已经提及,劳动合同的解除情形是法定的,用人单位不得随意解除劳动合同。根据上述规定可知,我国法律已经通过穷尽式列举对用人单位可以提前三十日书面通知劳动者或者额外支付劳动者一个月工资作为"代通知金"后合法解除劳动合同的情形进行了限制。

因此,如果您不存在《劳动合同法》第四十条规定的三种情形之一，则用人单位不可以通过提前三十日书面通知或者额外支付一个月工资作为"代通知金"的方式解除与您的劳动合同。

另外，根据《劳动合同法》第四十六条第三项的规定，用人单位依照《劳动合同法》第四十条规定解除劳动合同的，应当向劳动者支付经济补偿。因此，如您存在《劳动合同法》第四十条规定的三种情形之一，用人单位依照该规定，提前三十日以书面形式通知您本人或者额外支付您一个月工资后与您解除劳动合同的，属于合法解除劳动合同，但应向您支付经济补偿。

那么，这个"额外支付劳动者一个月工资"的"一个月工资"到底是按哪个月的工资标准计算呢？根据《劳动合同法实施条例》第二十条的规定，用人单位额外支付的工资应当按照该劳动者上一个月的工资标准确定。

三、劳动合同的解除和终止

第17问

公司要与我解除劳动合同，在哪些情形下，公司应向我支付经济补偿？

根据《劳动合同法》的规定，有下列情形之一的，用人单位应向劳动者支付经济补偿：

1.劳动者因用人单位未按照劳动合同约定提供劳动保护或者劳动条件而解除劳动合同的；

2.劳动者因用人单位未及时足额支付劳动报酬而解除劳动合同的；

3.劳动者因用人单位未依法为劳动者缴纳社会保险费而解除劳动合同的；

4.劳动者因用人单位的规章制度违反法律、法规的规定，损害劳动者权益而解除劳动合同的；

5.因用人单位以欺诈、胁迫的手段或者乘人之危，使劳动者在违背真实意思的情况下订立或者变更劳动合同致使劳动合同无效的；

6.用人单位向劳动者提出解除劳动合同并与劳动者协商一致

解除劳动合同的；

7.因劳动者患病或者非因工负伤，在规定的医疗期满后不能从事原工作，也不能从事由用人单位另行安排的工作，用人单位提前三十日以书面形式通知劳动者本人或者额外支付劳动者一个月工资后与劳动者解除劳动合同的；

8.因劳动者不能胜任工作，经过培训或者调整工作岗位，仍不能胜任工作，用人单位提前三十日以书面形式通知劳动者本人或者额外支付劳动者一个月工资后与劳动者解除劳动合同的；

9.因劳动合同订立时所依据的客观情况发生重大变化，致使劳动合同无法履行，经用人单位与劳动者协商，未能就变更劳动合同内容达成协议，用人单位提前三十日以书面形式通知劳动者本人或者额外支付劳动者一个月工资后与劳动者解除劳动合同的；

10.用人单位依照破产法规定进行重整而需依照法定程序裁员的；

11.用人单位因生产经营发生严重困难而需依照法定程序裁员的；

12.因企业转产、重大技术革新或者经营方式调整，经变更劳动合同后，仍需依照法定程序裁员的；

13.用人单位存在其他因劳动合同订立时所依据的客观经济

情况发生重大变化，致使劳动合同无法履行的，需依照法定程序裁员的；

14.除用人单位维持或者提高劳动合同约定条件续订劳动合同，劳动者不同意续订的情形外，因劳动合同期满终止固定期限劳动合同的；

15.因用人单位被依法宣告破产终止劳动合同的；

16.因用人单位被吊销营业执照、责令关闭、撤销或者用人单位决定提前解散终止劳动合同的；

17.法律、行政法规规定的其他用人单位应支付经济补偿的情形。

第18问

公司要与我解除劳动合同，在哪些情形下，公司应向我支付赔偿金？

根据《劳动合同法》第四十八条、第八十三条、第八十五条、第八十七条以及第九十三条的规定，用人单位应向劳动者支付赔偿金的情形如下：

1.用人单位违法解除或者终止劳动合同，劳动者不要求继续履行劳动合同或者劳动合同已经不能继续履行的，用人单位应当支付赔偿金；

2.用人单位违法约定试用期且已经履行的，由用人单位以劳动者试用期满月工资为标准，按已经履行的超过法定试用期的期间向劳动者支付赔偿金；

3.用人单位因未按照劳动合同的约定或者国家规定及时足额支付劳动者劳动报酬，被人力资源和社会保障部门责令限期支付劳动报酬后逾期不支付的，由人力资源和社会保障部门责令用人单位按应付金额百分之五十以上百分之一百以下的标准向劳动者加付赔偿金；

三、劳动合同的解除和终止

4.用人单位因低于当地最低工资标准支付劳动者工资,被人力资源和社会保障部门责令限期支付差额部分后逾期不支付的,由人力资源和社会保障部门责令用人单位按应付金额百分之五十以上百分之一百以下的标准向劳动者加付赔偿金;

5.用人单位因安排加班不支付加班费,被人力资源和社会保障部门责令限期支付加班费后逾期不支付的,由人力资源和社会保障部门责令用人单位按应付金额百分之五十以上百分之一百以下的标准向劳动者加付赔偿金;

6.用人单位解除或者终止劳动合同,未依法向劳动者支付经济补偿,被人力资源和社会保障部门责令限期支付经济补偿后逾期不支付的,由人力资源和社会保障部门责令用人单位按应付金额百分之五十以上百分之一百以下的标准向劳动者加付赔偿金;

7.不具备合法经营资格的用人单位因违法犯罪被依法追究法律责任,劳动者已经付出劳动的,用人单位或者其出资人应当依照有关规定向劳动者支付赔偿金。

"用人单位违法解除或者终止劳动合同"的情形具体有哪些呢?

关于违法解除劳动合同的情形。您可以根据本书"第13问 劳动合同中可以随意约定解除劳动合同的情形吗?"中用人单位依法可以与劳动者解除劳动合同的情形,反推违法解除的

045

情形。

关于违法终止劳动合同的情形。《劳动法》第二十三条规定："劳动合同期满或者当事人约定的劳动合同终止条件出现，劳动合同即行终止。"

第一，法定终止。《劳动合同法》第四十四条规定："有下列情形之一的，劳动合同终止：（一）劳动合同期满的；（二）劳动者开始依法享受基本养老保险待遇的；（三）劳动者死亡，或者被人民法院宣告死亡或者宣告失踪的；（四）用人单位被依法宣告破产的；（五）用人单位被吊销营业执照、责令关闭、撤销或者用人单位决定提前解散的；（六）法律、行政法规规定的其他情形。"《劳动合同法实施条例》第二十一条规定："劳动者达到法定退休年龄的，劳动合同终止。"以上情形是法定的、比较常见的劳动合同终止情形。

但要注意的是，如遇法定情形，即使劳动合同期满，也不得立即终止劳动合同，而应续延劳动合同至法定情形消失时才终止。《劳动合同法》第四十五条规定："劳动合同期满，有本法第四十二条规定情形之一的，劳动合同应当续延至相应的情形消失时终止。但是，本法第四十二条第二项规定丧失或者部分丧失劳动能力劳动者的劳动合同的终止，按照国家有关工伤保险的规定执行。"《劳动合同法》第四十二条规定："劳动者有下列情形之一的,用人单位不得依照本法第四十条、第四十一条的规定解除劳动合同:(一)从事接触职业病危害作业的劳动者未进行离岗前职业健康检查,或者疑似职业病病人在诊断或者医学观察期间的;(二)在本单位患职业病或者因工负伤并被确认丧失或者部分丧失劳动能力的;(三)患病或者非因工负伤,在规定的医疗期内的;(四)女职工在孕期、产期、哺乳期的;(五)在本单位连续工作满十五年,且距法定退休年龄不足五年的;(六)法律、行政法规规定的其他情形。"因此,在劳动合同到期时,劳动者存在上述规定的情形,但用人单位仍要求合同期满即终止劳动合同的,属于违法终止劳动合同。

第二,约定终止。劳动合同约定终止超出法定情形的,构成违法终止劳动合同。根据《劳动合同法实施条例》第十三条规定:"用人单位与劳动者不得在劳动合同法第四十四条规定的劳动合同终止情形之外约定其他的劳动合同终止条件。"据此,用人单位与劳动者超出《劳动合同法》第四十四条规定的情形约定终止劳动合同情形的,构成违法终止。

第 19 问

我是自愿辞职的,能要求用人单位支付经济补偿吗?

《劳动合同法》第四十六条规定了用人单位应向劳动者支付经济补偿的情形,其中,由劳动者提出解除劳动合同而用人单位仍应支付经济补偿的,仅限于劳动者依照《劳动合同法》第三十八条规定解除劳动合同的情形,分别如下:

1. 劳动者因用人单位未按照劳动合同约定提供劳动保护或者劳动条件而解除劳动合同的;

2. 劳动者因用人单位未及时足额支付劳动报酬而解除劳动合同的;

3. 劳动者因用人单位未依法为劳动者缴纳社会保险费而解除劳动合同的;

4. 劳动者因用人单位的规章制度违反法律、法规的规定,损害劳动者权益而解除劳动合同的;

5. 因用人单位以欺诈、胁迫的手段或者乘人之危,使劳动者在违背真实意思的情况下订立或者变更劳动合同致使劳动合同无效的；

6.法律、行政法规规定劳动者可以解除劳动合同的其他情形。

如果您系自愿辞职且不属于上述规定的情形，用人单位无需向您支付经济补偿。

第 20 问

经济补偿和赔偿金应当如何计算?

回答该问题需要解答以下四个问题:

1. 经济补偿和赔偿金到底给几个月工资?

《劳动合同法》第四十七条第一款规定:"经济补偿按劳动者在本单位工作的年限,每满一年支付一个月工资的标准向劳动者支付。六个月以上不满一年的,按一年计算;不满六个月的,向劳动者支付半个月工资的经济补偿。"根据《劳动合同法》第八十七条规定,赔偿金按经济补偿标准的二倍支付。

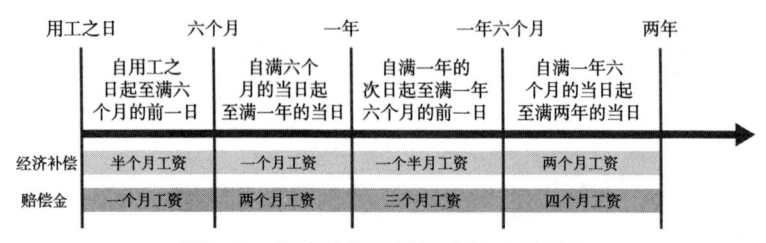

	用工之日	六个月	一年	一年六个月	两年
		自用工之日起至满六个月的前一日	自满六个月的当日起至满一年的当日	自满一年的次日起至满一年六个月的前一日	自满一年六个月的当日起至满两年的当日
经济补偿		半个月工资	一个月工资	一个半月工资	两个月工资
赔偿金		一个月工资	两个月工资	三个月工资	四个月工资

图3-1 经济补偿和赔偿金的支付标准

2. 经济补偿和赔偿金的基数,即"月工资",应该如何计算?

《劳动合同法》第四十七条第三款规定:"本条所称月工资是

指劳动者在劳动合同解除或者终止前十二个月的平均工资。"《劳动合同法实施条例》第二十七条规定,"劳动合同法第四十七条规定的经济补偿的月工资按照劳动者应得工资计算,包括计时工资或者计件工资以及奖金、津贴和补贴等货币性收入"。同时,第二十七条还规定,"劳动者工作不满12个月的,按照实际工作的月数计算平均工资"。

因此,"月工资"既不是上月工资,也不是当月工资,而是劳动合同解除或者终止前十二个月的平均工资,工作不满十二个月的为实际工作月数的平均工资;同时,"月工资"既不是税后工资,也不是代扣缴社保后发放的工资,而是未扣税、未缴社保且包括计时工资、计件工资以及奖金、津贴和补贴的应得工资。例如,您与用人单位的劳动合同于2023年8月解除,则经济补偿或赔偿金的计算基数即"月工资"为2022年8月至2023年7月的应得月平均工资。

3.经济补偿和赔偿金有无上限或下限?

经济补偿和赔偿金的上限由《劳动合同法》第四十七条第二款规定,即"劳动者月工资高于用人单位所在直辖市、设区的市级人民政府公布的本地区上年度职工月平均工资三倍的,向其支付经济补偿的标准按职工月平均工资三倍的数额支付,向其支付经济补偿的年限最高不超过十二年"。值得注意的是,该规定对补偿年限的限制仅指月工资高于本地区上年度职工月平均工资3倍的情形,即经济补偿最多为12个月的月工资,赔偿金最多为24个月的月工资。如果月工资未高于本地区上年度职工月平均工资3倍,则经济补偿和赔偿金的年限没有限制。打个比方,您的公司需要向您支付经济补偿,您在公司工作了15年,月工资为15000元,公司所在地上年度职工月平均工资为4000元,本来公司应按月工资15000元计算15个月工资向您支付经济补偿,但是,由于您的年限超过12年,且月工资(15000元)高于公司所在地上年度职工月平均工资3倍(12000元),故公司最多只能按12000元计算12个月工资向您支付经济补偿。

经济补偿和赔偿金的下限由《劳动合同法实施条例》第二十七条规定,即"劳动者在劳动合同解除或者终止前12个月的平均工资低于当地最低工资标准的,按照当地最低工资标准计算"。打个比方,您的公司需要向您支付经济补偿,您在公司工作了5年8个月,月工资为2500元,公司所在地的最低工资标准为3000元/月,本来公司应按月工资2500元计算6个月工资向您支付经济补偿,但是,由于您的月工资(2500元)低于公司所在地最低工资标准(3000元),故公司应按3000元计算6个月工资向您支付经济补偿。

三、劳动合同的解除和终止

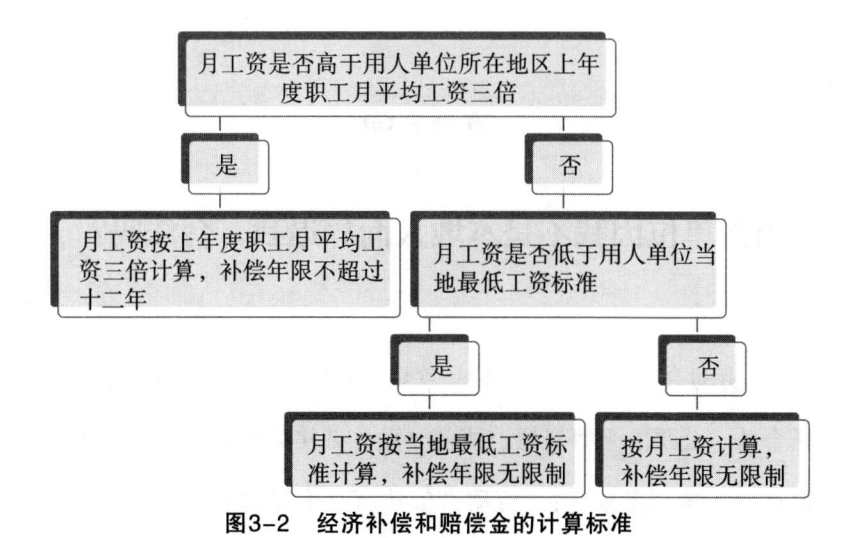

```
                ┌─────────────────────┐
                │ 月工资是否高于用人单位所在地区上年 │
                │   度职工月平均工资三倍    │
                └──────┬──────────┬───┘
                       │          │
                      是          否
                       │          │
            ┌──────────┴──┐   ┌───┴──────────────┐
            │月工资按上年度职│   │月工资是否低于用人单位当│
            │工月平均工资三倍│   │  地最低工资标准     │
            │计算，补偿年限不│   └──┬───────────┬──┘
            │  超过十二年  │      │           │
            └─────────────┘     是          否
                                 │           │
                         ┌───────┴──┐   ┌────┴──────┐
                         │月工资按当地│   │按月工资计算，│
                         │最低工资标准│   │补偿年限无限制│
                         │计算，补偿年│   └───────────┘
                         │限无限制   │
                         └──────────┘
```

图3-2　经济补偿和赔偿金的计算标准

4.经济补偿和赔偿金能否兼得？

《劳动合同法实施条例》第二十五条规定："用人单位违反劳动合同法的规定解除或者终止劳动合同，依照劳动合同法第八十七条的规定支付了赔偿金的，不再支付经济补偿。赔偿金的计算年限自用工之日起计算。"因此，经济补偿和赔偿金不能兼得。

第 21 问

用人单位因我不是本地人而辞退我，合法吗？

《劳动合同法》第三条第一款规定："订立劳动合同，应当遵循合法、公平、平等自愿、协商一致、诚实信用的原则。"《就业促进法》第三条规定："劳动者依法享有平等就业和自主择业的权利。劳动者就业，不因民族、种族、性别、宗教信仰等不同而受歧视。"该条款通过"等"字，明确劳动者除民族、种族、性别、宗教信仰外，与之相当的其他情况也不受歧视，如户籍、学历、婚育、外貌等。如果您的用人单位以您不是本地人或您是进城务工人员为由辞退您，实际上是对您的户籍的歧视，此行为违反了《就业促进法》第三条的规定，也违反了公平原则，用人单位应承担相应的责任。

第 22 问

我已签订解除劳动合同协议,但后悔了,还可以申请仲裁,要求提高协议金额吗?

《劳动合同法》第三十六条规定:"用人单位与劳动者协商一致,可以解除劳动合同。"《最高人民法院关于审理劳动争议案件适用法律问题的解释(一)》第三十五条规定:"劳动者与用人单位就解除或者终止劳动合同办理相关手续、支付工资报酬、加班费、经济补偿或者赔偿金等达成的协议,不违反法律、行政法规的强制性规定,且不存在欺诈、胁迫或者乘人之危情形的,应当认定有效。前款协议存在重大误解或者显失公平情形,当事人请求撤销的,人民法院应予支持。"

由此可见,用人单位和您可以协商一致解除劳动合同,你们双方签订的解除劳动合同协议书中就办理相关手续、支付工资报酬、加班费、经济补偿或者赔偿金等达成的约定有效,除非该协议违反法律、行政法规的强制性规定,或存在欺诈、胁迫或者乘人之危的情形。您应秉承诚信原则遵守协议,不得仅因对协商好的金额不满,便去申请仲裁,要求提高协议金额。

四、工资报酬

导读

您是否认为，工资报酬给不给、给多少、怎样给都是老板说了算？您是否认为，被拖欠工资后除了找老板要之外别无他法？然而，法律规定并非如此。

首先，您需要学习以下法律常识：

1.工资不完全由用人单位说了算，用人单位应依法依约足额支付劳动报酬；

2.如果您是职工，您在工作日、休息日、法定节假日加班，可以获得1.5倍、2倍、3倍的工资；

3.国家重视农民工工资的及时足额支付，通过立法明确清偿农民工工资的责任人，并在拖欠农民工案件的诉讼、执行中对农民工予以保护。

接下来，请您带着以上常识进入问答，进一步了解工资报酬。

四、工资报酬

第 23 问

厂长说我上班第一周是"试工",没有工资,合法吗?

《劳动合同法》第七条规定,"用人单位自用工之日起即与劳动者建立劳动关系"。第三十条第一款规定:"用人单位应当按照劳动合同约定和国家规定,向劳动者及时足额支付劳动报酬。"《保障农民工工资支付条例》第三条第一款规定:"农民工有按时足额获得工资的权利。任何单位和个人不得拖欠农民工工资。"《劳动和社会保障部关于确立劳动关系有关事项的通知》第一条规定:"一、用人单位招用劳动者未订立书面劳动合同,但同时具备下列情形的,劳动关系成立。(一)用人单位和劳动者符合法律、法规规定的主体资格;(二)用人单位依法制定的各项劳动规章制度适用于劳动者,劳动者受用人单位的劳动管理,从事用人单位安排的有报酬的劳动;(三)劳动者提供的劳动是用人单位业务的组成部分。"

由此可见,在"试工"过程中,您以获取劳动报酬为目的,接受单位的监督、管理和工作安排,并为单位业务的组成部分提供劳动，则单位在"试工"时已经实际用工，您与单位构成事实劳动关系，用人单位应向您支付"试工"期间的工资报酬。故厂长说您上班第一周属于"试工"，没有工资，这种做法不合法，工厂应及时足额向您支付工资。

四、工资报酬

第 24 问

过年返乡，用人单位可以押我一个月的工资作为"返岗保证金"吗？

《劳动法》第五十条规定："工资应当以货币形式按月支付给劳动者本人。不得克扣或者无故拖欠劳动者的工资。"《保障农民工工资支付条例》第三条第一款规定："农民工有按时足额获得工资的权利。任何单位和个人不得拖欠农民工工资。"那么，扣押"返岗保证金"是否属于"克扣"的情形？

根据《工资支付暂行规定》第十五条和《对〈工资支付暂行规定〉有关问题的补充规定》第三条的规定，用人单位除以下情形外，无正当理由扣减劳动者应得工资的，属于"克扣"。

1.用人单位依法可以代扣劳动者工资的情形如下：

（1）代扣代缴的个人所得税；

（2）代扣代缴的应由劳动者个人负担的各项社会保险费用；

（3）法院判决、裁定中要求代扣的抚养费、赡养费；

（4）法律、法规规定可以从劳动者工资中扣除的其他费用。

2.用人单位依法可以减发劳动者工资的情形如下：

（1）法律、法规中有明确规定的；

（2）依法签订的劳动合同中有明确规定的；

（3）用人单位依法制定并经职代会批准的厂规、厂纪中有明确规定的；

（4）企业工资总额与经济效益相联系，经济效益下浮时，工资必须下浮的（但支付给劳动者的工资不得低于当地最低工资标准）；

（5）因劳动者请事假等相应减发工资等。

由于法律、法规明确规定的用人单位可以代扣或者减发劳动者工资的情形中并不包含"返岗保证金"，因此，用人单位不可以扣押您一个月工资作为"返岗保证金"，这属于克扣工资的违法行为。

第 25 问

工资是用人单位想给多少就给多少的吗？

《劳动法》第四十八条规定："国家实行最低工资保障制度。最低工资的具体标准由省、自治区、直辖市人民政府规定，报国务院备案。用人单位支付劳动者的工资不得低于当地最低工资标准。"《劳动合同法实施条例》第十五条规定："劳动者在试用期的工资不得低于本单位相同岗位最低档工资的80%或者不得低于劳动合同约定工资的80%，并不得低于用人单位所在地的最低工资标准。"因此，工资不是用人单位想给多少就给多少，无论是试用期工资还是转正后工资，都不得低于当地最低工资标准。

那么，当地最低工资标准中的"当地"应如何理解呢？根据《劳动合同法实施条例》第十四条的规定，一般情形下，"当地最低工资标准"是指用人单位注册地的最低工资标准，但如果劳动合同履行地和用人单位注册地不一致，则按劳动合同履行地标准，除非用人单位注册地标准高于劳动合同履行地且用人单位与您明确约定按用人单位注册地最低工资标准。

第 26 问

我是安装工，一周工作五日，每日工作八小时，月工资五千元，如用人单位要求我加班，应支付我多少加班费？

加班费的计算与工时制度、工作时间以及工资标准相关，因此，您需要按以下步骤了解加班费。

1.您属于何种工时制度？

《国务院关于职工工作时间的规定》第三条规定："职工每日工作8小时、每周工作40小时。"由于您一周工作五日，每日工作八小时，因此您的工作符合《国务院关于职工工作时间的规定》第三条规定的法定标准工作时间，实行标准工时制度。

2.实行标准工时制度如何计算加班费？

《工资支付暂行规定》第十三条第一款规定："用人单位在劳动者完成劳动定额或规定的工作任务后，根据实际需要安排劳动者在法定标准工作时间以外工作的，应按以下标准支付工资：（一）用人单位依法安排劳动者在日法定标准工作时间以外延长工作时间的，按照不低于劳动合同规定的劳动者本人小

四、工资报酬

时工资标准的150%支付劳动者工资;(二)用人单位依法安排劳动者在休息日工作,而又不能安排补休的,按照不低于劳动合同规定的劳动者本人日或小时工资标准的200%支付劳动者工资;(三)用人单位依法安排劳动者在法定休假节日工作的,按照不低于劳动合同规定的劳动者本人日或小时工资标准的300%支付劳动者工资。"

为直观理解该法条,经整理,实行标准工时制度的劳动者加班的,加班费的计算方式,详见表4-1。

表4-1 加班费的计算方式

工作时间	是否可以安排补休	劳动者本人日或小时工资标准的倍数	备注
日法定标准工作时间以外延长工作时间	不可以	不低于标准的1.5倍	日法定标准工作时间为每日工作8小时
休息日	可以	不能安排补休的,不低于标准的2倍	如单位实行"单休"或"大小周"等制度,则需正确计算日或小时工资标准

续表

工作时间	是否可以安排补休	劳动者本人日或小时工资标准的倍数	备注
法定休假节日	不可以	不低于标准的3倍	全体公民放假的节日： （1）新年，放假1天（1月1日）； （2）春节，放假4天（农历除夕、正月初一至初三）； （3）清明节，放假1天（农历清明当日）； （4）劳动节，放假2天（5月1日、2日）； （5）端午节，放假1天（农历端午当日）； （6）中秋节，放假1天（农历中秋当日）； （7）国庆节，放假3天（10月1日、2日、3日） 因此，需要正确区分法定休假节日与调休的休息日，例如，国庆假期7日，其中1、2、3日为法定休假节日，按日工资标准300%计算加班费；

续表

工作时间	是否可以安排补休	劳动者本人日或小时工资标准的倍数	备注
			4日、5日、6日、7日为调休的休息日，按日工资标准200%计算加班费

3.如何计算日或小时工资标准呢？

《劳动和社会保障部关于职工全年月平均工作时间和工资折算问题的通知》中"二、日工资、小时工资的折算"规定："按照《劳动法》第五十一条的规定，法定节假日用人单位应当依法支付工资，即折算日工资、小时工资时不剔除国家规定的11天法定节假日。据此，日工资、小时工资的折算为：

"日工资：月工资收入÷月计薪天数

"小时工资：月工资收入÷（月计薪天数×8小时）。

"月计薪天数=（365天－104天）÷12月=21.75天"

如果您的用人单位实行"双休"，您每月领取固定工资5000元，一周工作5日，每日工作8小时，您的日工资标准=5000元÷21.75天，小时工资标准=5000元÷（21.75天×8小时），也可以简化为：小时工资标准=日工资标准÷8小时。如果您在工作日晚上加班2小时，则加班费=[5000元÷（21.75天×8小时）]×150%×2小时=86.2元。

注意，如果您的用人单位实行"单休"或"大小周"等制度，则在您每月领取的固定工资5000元中已包含了制度内应上班的休息日的加班费，计算日或小时工资标准时应将其计算在内，日工资标准=月工资收入÷（月薪天数+制度内要求上班的当月休息日天数×200%）。例如，用人单位实行"单休"，则您一个月制度内要求上班的休息日为4天，日工资标准=5000元÷（21.75天+4天×200%），小时工资标准=5000元÷[（21.75天+4天×200%）×8小时]。

第 27 问

用人单位拖欠农民工工资怎么办？

根据《劳动争议调解仲裁法》第二条第五项、第四条、第五条、第十条、第十六条，《人力资源社会保障部、最高人民法院关于劳动人事争议仲裁与诉讼衔接有关问题的意见（一）》第一条以及《保障农民工工资支付条例》第十条等的规定，农民工被拖欠工资的，可通过以下途径解决争议：

1.向人力资源和社会保障行政部门或其他有关部门投诉、举报。

2.与用人单位协商，不愿协商、协商不成或者达成和解协议后不履行的，可以向调解组织申请调解。

3.向调解组织申请调解并达成调解协议，如用人单位不履行协议，可以直接提起诉讼，也可以持调解协议书依法向人民法院申请支付令。调解组织包括：企业劳动争议调解委员会、依法设立的基层人民调解组织以及在乡镇、街道设立的具有劳动争议调解职能的组织。

4.成立劳动关系的，可以向劳动争议仲裁委员会申请仲裁，对仲裁裁决不服的可以提起诉讼。

5.不成立劳动关系的,例如,用人单位不符合主体资格的,可以直接向法院提起诉讼。

四、工资报酬

第 28 问

工厂拖欠我工资时，我可以要求老板支付吗？

《公司法》第三条规定："公司是企业法人，有独立的法人财产，享有法人财产权。公司以其全部财产对公司的债务承担责任。公司的合法权益受法律保护，不受侵犯。"

《保障农民工工资支付条例》第二十条规定："合伙企业、个人独资企业、个体经济组织等用人单位拖欠农民工工资的，应当依法予以清偿；不清偿的，由出资人依法清偿。"

因此，老板，即出资人，是否需要对工厂拖欠您的工资承担连带赔偿责任，应根据"工厂"的性质进行判断。如果您所在的"工厂"实际上是在我国境内设立的有限责任公司或股份有限公司开设的生产产品的厂房，则您属于公司员工，您的老板系公司股东，除法律规定的情形外，其不必清偿您的工资。如果您所在的"工厂"实际上是合伙企业、个人独资企业、个体经济组织，则当"工厂"拖欠您的工资时，您可以要求老板依法清偿工资。

从哪里可以查询到"工厂"的性质呢？最直观的是通过企业

的营业执照登记的"类型"进行判断,如无法查看企业的营业执照,您可以登录国家企业信用信息公示系统或者商业性企业信息查询平台进行查询。

四、工资报酬

第 29 问

不具备合法经营资格的包工头在收到工程款后欠付我的工资，我可以要求发包单位清偿吗？

《劳动合同法》第九十四条规定："个人承包经营违反本法规定招用劳动者，给劳动者造成损害的，发包的组织与个人承包经营者承担连带赔偿责任。"《保障农民工工资支付条例》第十九条第一款规定："用人单位将工作任务发包给个人或者不具备合法经营资格的单位，导致拖欠所招用农民工工资的，依照有关法律规定执行。"第三十六条第一款规定："建设单位或者施工总承包单位将建设工程发包或者分包给个人或者不具备合法经营资格的单位，导致拖欠农民工工资的，由建设单位或者施工总承包单位清偿。"

由此可见，发包单位应该依法将工程发包给具备合法经营资格的单位。如果发包单位将工程违法发包给个人或不具备合法经营资格的单位，导致个人承包人或不具备合法经营资格的单位招用的农民工工资被拖欠，则无论发包单位是否已经将包含农民工工资在内的工程款给个人承包人或不具备合法经营资格的单位结清，发包单位都应该承担清偿农民工工资的责任。因此，如果不具备合法经营资格的包工头在收到工程款后欠付您的工资，您可以要求发包单位清偿您的工资，发包单位不得以已经与包工头结清工程款为由拒绝支付您的工资。

四、工资报酬

第 30 问

我所在的施工队挂靠在有合法经营资格的工程公司名下施工，完工后施工队拖欠我的工资，我可以要求挂靠公司清偿吗？

现实中，存在个人或不具备合法经营资格的单位挂靠具备合法经营资格的单位，以被挂靠单位的名义进行建筑施工工程项目投标，并在中标后继续以被挂靠单位的名义进行实际施工的现象。在此情形下，发包单位在程序上已经依法将工程发包给具备合法经营资格的单位。如果个人或不具备合法经营资格的单位拖欠招用的农民工工资，农民工难以依据《保障农民工工资支付条例》第十九条第一款和第三十六条第一款的规定要求发包单位清偿工资，该怎么办？

《保障农民工工资支付条例》第十九条第二款规定："用人单位允许个人、不具备合法经营资格或者未取得相应资质的单位以用人单位的名义对外经营，导致拖欠所招用农民工工资的，由用人单位清偿，并可以依法进行追偿。"第三十六条第二款规定："施工单位允许其他单位和个人以施工单位的名义对外承揽建设工程，导致拖欠农民工工资的，由施工单位清偿。"因此，在此情形下，被挂靠单位应承担对挂靠人的监督、管理义务，被拖欠工资的您可以要求被挂靠单位清偿工资。

第 31 问

施工队因建设单位欠付工程款而拖欠我的工资，我可以找谁清偿工资？

《保障农民工工资支付条例》第二十九条第二款规定："因建设单位未按照合同约定及时拨付工程款导致农民工工资拖欠的，建设单位应当以未结清的工程款为限先行垫付被拖欠的农民工工资。"

因此，如果是因为建设单位没有向施工队及时支付工程款，导致施工队拖欠工资，劳动者除可以继续向拖欠工资的施工队追讨外，还可以要求建设单位以未结清的工程款为限先行垫付工资。注意，这里的垫付仅以未结清的工程款为限，例如，建设单位未结工程款50万元，施工队拖欠农民工工资80万元，则建设单位最多先行垫付农民工工资50万元。

那么，超出未结清的工程款部分的农民工工资还可以找谁清偿？《保障农民工工资支付条例》第三十条规定："分包单位对所招用农民工的实名制管理和工资支付负直接责任。施工总承包单位对分包单位劳动用工和工资发放等情况进行监督。分包单位拖欠农民工工资的，由施工总承包单位先行清偿，再依法进行追偿。工程建设项目转包，拖欠农民工工资的，由施工总承包单位先行清偿，再依法进行追偿。"由此可见，无论是分包还是转包，施工总承包单位在分包单位或者转包单位拖欠农民工工资时，都应该先行清偿。

四、工资报酬

第 32 问

因建设单位拖欠工程款,我们的施工单位向法院申请执行建设单位名下财产,我们可以要求法院在建设单位的财产中优先给付我们的工资吗?

《民法典》第八百零七条规定:"发包人未按照约定支付价款的,承包人可以催告发包人在合理期限内支付价款。发包人逾期不支付的,除根据建设工程的性质不宜折价、拍卖外,承包人可以与发包人协议将该工程折价,也可以请求人民法院将该工程依法拍卖。建设工程的价款就该工程折价或者拍卖的价款优先受偿。"

《保障农民工工资支付条例》第二十九条第二款规定:"因建设单位未按照合同约定及时拨付工程款导致农民工工资拖欠的,建设单位应当以未结清的工程款为限先行垫付被拖欠的农民工工资。"

承包人的工程款中包含了农民工工资,工程款有优先受偿的权利,实际上保障了工程款中农民工工资的正常发放,在建设单位拖欠工程款的情形下,也应先行垫付农民工工资。可见,我国法律法规认可优先保障农民工工资的发放。因此，在施工单位已向法院申请执行建设单位的财产以清偿工程款的情形下，劳动者还可以向人力资源和社会保障部门举报、投诉，要求人力资源和社会保障部门指令建设单位在未结清的工程款限额内先行垫付农民工工资。建设单位在收到人力资源和社会保障部门的垫付指令后，应当向执行法院提出申请，经法院审查确认款项用于支付农民工工资并得到法院同意后，优先给付农民工工资。劳动者也可以直接要求施工单位向执行法院提出优先给付农民工工资的申请，经法院审查确认并同意后，获得优先给付。

四、工资报酬

第 33 问

农民工工资被拖欠，生活困难急需用钱，诉诸法院会不会很久才能拿回工资？

《民事诉讼法》第一百零九条规定："人民法院对下列案件，根据当事人的申请，可以裁定先予执行：（一）追索赡养费、扶养费、抚养费、抚恤金、医疗费用的；（二）追索劳动报酬的；（三）因情况紧急需要先予执行的。"第一百一十条第一款规定："人民法院裁定先予执行的，应当符合下列条件：（一）当事人之间权利义务关系明确，不先予执行将严重影响申请人的生活或者生产经营的；（二）被申请人有履行能力。"

对案件事实清楚、法律关系明确的拖欠农民工工资或者劳务报酬纠纷，以及有财产给付内容的涉及农民工的劳动争议纠纷，要着力提高司法保护的效率，在确保公正的前提下，务必做到快立、快审、快结。符合先予执行法定条件的，应当及时裁定先予执行。

我国为保障农民工权益、保证农民工工资及时给付，在拖欠农民工工资的纠纷案件的立案、审理、执行过程中都要求公平、快速、高效。法院在经农民工申请后，对符合《民事诉讼法》第一百一十条第一款规定的先予执行条件的，还可以裁定先予执行，让欠薪者在案件裁判结果出来前就向农民工支付工资。即使不符合先予执行的条件，法院在执行程序中也会简化手续，故农民工无需担心因诉诸法院而长时间拿不到工资。

五、社会保险与住房公积金

导读

您是否认为，社会保险费与住房公积金都由您来缴纳？您是否认为，社会保险与住房公积金可交可不交？您是否认为，跨省流动就业的您转不转移社会保险与住房公积金对您都没有影响？然而，法律规定并非如此。

首先，您需要学习以下法律常识：

1.社会保险是指基本养老保险、基本医疗保险、工伤保险、失业保险和生育保险；住房公积金是指长期住房储金。它们通常被称作五险一金。

2.五险一金能为劳动者的养老、医疗等提供一定程度的保障，为劳动者缴纳五险一金是用人单位的法定义务。

3.跨省流动就业的，五险一金的转移情况影响保险待遇。

4.不愿意参加或者不符合参加基本养老保险和职工基本医疗保险主体资格的农民工，可以通过参加新型农村社会养老保险和新型农村合作医疗，对自身的养老和医疗进行保障。

接下来，请您带着以上常识进入问答，进一步了解社会保险与住房公积金。

五、社会保险与住房公积金

第 34 问

用人单位要求我支付五险一金的全部费用，合法吗？

根据《社会保险法》《住房公积金管理条例》《劳动法》以及《劳动合同法》的规定，基本养老保险费、职工基本医疗保险费、失业保险费由用人单位和职工共同缴纳；工伤保险费和生育保险费由用人单位缴纳，职工无需缴纳；住房公积金由用人单位和职工共同缴纳。

社会保险费和住房公积金的缴纳主体，详见表5-1。

表5-1 社会保险费和住房公积金的缴纳主体

缴费主体	是否缴纳社会保险费					是否缴纳住房公积金
	基本养老保险费	职工基本医疗保险费	工伤保险费	失业保险费	生育保险费	
用人单位	缴纳	缴纳	缴纳	缴纳	缴纳	缴纳
职工	缴纳	缴纳	不缴纳	缴纳	不缴纳	缴纳

注：无雇工的个体工商户，未在用人单位参加基本养老保险、职工基本医疗保险的非全日制从业人员以及其他灵活就业人员，可以参加基本养老保险和职工基本医疗保险，由个人按照国家规定缴纳费用。

因此，缴纳社会保险费和住房公积金是用人单位的法定义务，用人单位必须依法缴纳应由其承担的社会保险费和住房公积金，并为您代扣代缴社会保险费和住房公积金。用人单位要求您支付五险一金的全部费用是不合法的。

第 35 问

用人单位要求我出具放弃缴纳五险一金的声明，合法吗？

根据《劳动法》第七十二条，《劳动合同法》第三十八条，《社会保险法》第四条、第五十八条、第六十条、第六十二条以及《住房公积金管理条例》第十五条、第二十条、第三十八条规定，用人单位必须依法为劳动者缴纳社会保险费和住房公积金，不得不缴或少缴，该义务是法定的，具有强制性。如用人单位未依法为您缴纳社会保险费和住房公积金，您有权解除劳动合同，并要求用人单位向您支付经济补偿。

因此，用人单位未依法为您缴纳社会保险费和住房公积金的行为属于违法行为，即使您向用人单位提交了自愿放弃缴纳社会保险费和住房公积金的声明，该声明也因违反法律法规的强制性规定而无效，用人单位仍应为您补缴社会保险费和住房公积金。

第 36 问

用人单位可以将应缴纳的五险一金以补贴的形式发给我吗？

根据《社会保险法》第五十八条、第五十九条、第六十条的规定，社会保险费实行统一征收，用人单位应依法为职工向社会保险经办机构申请办理社会保险登记，应当自行申报、按时足额缴纳社会保险费。

根据《住房公积金管理条例》第四条、第十九条的规定，住房公积金的管理实行住房公积金管理委员会决策、住房公积金管理中心运作、银行专户存储、财政监督的原则。用人单位应按时足额向住房公积金专户汇缴由单位缴存的和为职工代缴的住房公积金。

由上述规定可见，社会保险费和住房公积金的缴纳属于强制性的法定义务，且由银行专户存储、专款专用，具有专属性。用人单位只能依法为职工参保，并按时足额向规定的专户缴纳社会保险费和住房公积金。

因此，无论用人单位与您是否有约定，用人单位都不可以将

五、社会保险与住房公积金

应缴纳的社会保险费和住房公积金以工资补贴的形式直接发放给您。即使用人单位已经向您发放补贴,或者在用人单位与您签订的解除劳动合同协议中约定了一次性发放的补偿款中包含应缴的社会保险费和住房公积金,用人单位仍应为您补缴社会保险费和住房公积金。需要注意的是,用人单位在补缴社会保险费和住房公积金后,有权要求您向其返还您已收取的补贴,但不得使您的工资低于当地的最低工资标准。

第 37 问

用人单位不给我缴五险一金，我该怎么办？

您可以先携带本人身份证件以及劳动关系相关证明，到社会保险经办机构和住房公积金管理中心查询用人单位有无为您办理社保和公积金账户手续。如用人单位没有办理手续，您可以携带本人身份证件、劳动关系相关证明以及投诉书到劳动监察部门投诉，要求用人单位办理手续。待用人单位办理手续完成后，您再到社会保险经办机构和住房公积金管理中心申请用人单位补缴。

值得注意的是，由于社会保险由社会保险经办机构监督、管理、稽核，故用人单位不缴纳社会保险费或未建立社会保险关系的，不属于劳动争议的处理范围，您不能直接向劳动人事争议仲裁委员会申请仲裁，要求用人单位补缴社会保险费。

但是，如您经寻求社会保险经办机构之帮助后用人单位仍不补办手续，导致您无法享受社会保险待遇，此时您因要求用人单位赔偿损失所发生的纠纷属于劳动争议，您可以申请劳动仲裁，不服仲裁的，可依法提起诉讼。

五、社会保险与住房公积金

第 38 问

到外省务工，我在老家交的养老保险还作数吗？

《城镇企业职工基本养老保险关系转移接续暂行办法》第三条规定："参保人员跨省流动就业的，由原参保所在地社会保险经办机构（以下简称社保经办机构）开具参保缴费凭证，其基本养老保险关系应随同转移到新参保地。参保人员达到基本养老保险待遇领取条件的，其在各地的参保缴费年限合并计算，个人账户储存额（含本息，下同）累计计算；未达到待遇领取年龄前，不得终止基本养老保险关系并办理退保手续；其中出国定居和到香港、澳门、台湾地区定居的，按国家有关规定执行。"

因此，如果您到外省务工，您在老家的基本养老保险关系可以转移到工作地，您可以继续参保，且您在老家的参保缴费年限以及个人账户储存额将全部累计计算到总参保缴费年限以及个人账户储存总额中，不会因为保险关系发生转移而清零。

第 39 问

工作地的养老保险待遇比老家的高，我一定可以享受工作地的养老保险待遇吗？

《城镇企业职工基本养老保险关系转移接续暂行办法》第六条规定："跨省流动就业的参保人员达到待遇领取条件时，按下列规定确定其待遇领取地：（一）基本养老保险关系在户籍所在地的，由户籍所在地负责办理待遇领取手续，享受基本养老保险待遇。（二）基本养老保险关系不在户籍所在地，而在其基本养老保险关系所在地累计缴费年限满10年的，在该地办理待遇领取手续，享受当地基本养老保险待遇。（三）基本养老保险关系不在户籍所在地，且在其基本养老保险关系所在地累计缴费年限不满10年的，将其基本养老保险关系转回上一个缴费年限满10年的原参保地办理待遇领取手续，享受基本养老保险待遇。（四）基本养老保险关系不在户籍所在地，且在每个参保地的累计缴费年限均不满10年的，将其基本养老保险关系及相应资金归集到户籍所在地，由户籍所在地按规定办理待遇领取手续，享受基本养老保险待遇。"

五、社会保险与住房公积金

因此，您在达到领取条件时，能享受何地的养老保险待遇，需要结合基本养老保险关系所在地以及缴费年限判断。现已根据上述规定整理出下图，您可据此简单快捷地进行判断。

```
基本养老保险关系所在地是否为户籍所在地
├─ 是 → 由户籍所在地负责办理待遇领取手续，享受基本养老保险待遇
└─ 否 → 关系所在地累计缴费年限是否满10年
         ├─ 是 → 在关系所在地办理待遇领取手续，享受当地基本养老保险待遇
         └─ 否 → 是否存在累计缴费满10年的原参保地
                  ├─ 是 → 将其基本养老保险关系转回上一个缴费年限满10年的原参保地办理待遇领取手续，享受基本养老保险待遇
                  └─ 否 → 将其基本养老保险关系及相应资金归集到户籍所在地，由户籍所在地按规定办理待遇领取手续，享受基本养老保险待遇
```

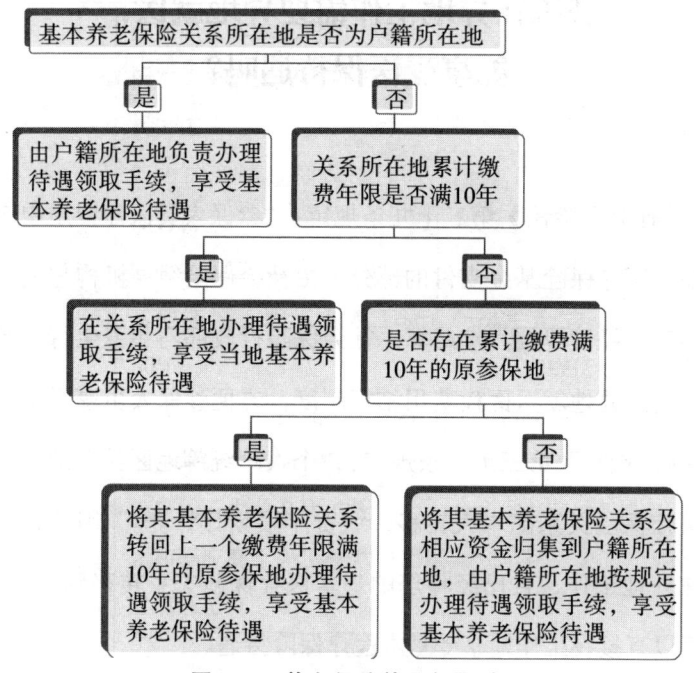

图5-1　养老保险待遇领取地

第 40 问

我因在异地工作需要异地就医，能享受医保待遇吗？

《社会保险法》第二十九条规定："参保人员医疗费用中应当由基本医疗保险基金支付的部分，由社会保险经办机构与医疗机构、药品经营单位直接结算。社会保险行政部门和卫生行政部门应当建立异地就医医疗费用结算制度，方便参保人员享受基本医疗保险待遇。"第三十二条规定："个人跨统筹地区就业的，其基本医疗保险关系随本人转移，缴费年限累计计算。"因此，如果您在外地工作，且已经将您的基本医疗保险关系转移到工作地，则可以直接在工作地享受基本医疗保险待遇。

如果您没有将基本医疗保险关系转移至工作地，或者只参加了新型农村合作医疗，您可以在就医前到工作地社保局进行异地医保备案，或者在线上通过"国家医保服务平台"APP、"国家政务服务平台"小程序、"国家异地就医备案"小程序或各地其他备案平台如广东省的"粤医保"小程序等进行异地医保备案，备案成功后即可进行医保报销结算。异地医保的备案条件、就医报

五、社会保险与住房公积金

销限制、报销比例以及个人就医的就医报销限制、报销比例以各地具体规定为准。

第 41 问

我到外地找工作期间无业，可以领取失业保险金吗？

根据《社会保险法》第四十五条以及《实施〈中华人民共和国社会保险法〉若干规定》第十三条的规定，领取失业保险金必须同时满足三个条件。

1. 失业前用人单位和您已经缴纳失业保险费满1年。

2. 非因您的个人意愿中断就业，例如：（1）因劳动合同期满、用人单位被依法宣告破产、被吊销营业执照等情形导致劳动合同终止的；（2）因用人单位的单方意愿解除劳动合同的；（3）因用人单位向您提出解除劳动合同并与您协商一致解除劳动合同的；（4）被用人单位辞退、除名、开除的；（5）您因用人单位存在违法行为而依法解除劳动合同的；（6）因存在欺诈、胁迫的手段或者乘人之危，使对方在违背真实意思的情况下订立或者变更劳动合同的情形致使劳动合同无效的；（7）法律、法规、规章规定的其他情形。

3.已经进行失业登记，并有求职要求的。

综上所述，领取失业保险金的前提是"失业"，"失业"不等于"无业"。如果您此前不曾工作，本次是第一次找工作，即您没有"失去"过工作，您将因不符合第1个条件而无法领取失业保险金。

如果您此前曾经工作过，在上一份工作中满足第1个条件，且您失去工作的原因符合第2个条件，则您可以通过进行失业登记达成第3个条件以领取失业保险金。

另外，《实施〈中华人民共和国社会保险法〉若干规定》第十四条规定，"失业人员因当期不符合失业保险金领取条件的，原有缴费时间予以保留，重新就业并参保的，缴费时间累计计算"。因此，如果您此前曾经工作过，失去工作的原因符合第2个条件，则虽然在上一份工作中可能因缴纳失业保险费未满1年导致不满足第1个条件，但如果您在找到上一份工作前的失业期间没有申领失业保险金，且您上两份工作均有缴纳失业保险费并已累计缴费满1年，仍视为满足第1个条件，可以进行失业登记达成第3个条件以领取失业保险金。

第 42 问

我的社保必须从老家转移到工作地吗？如何转移？

根据《社会保险法》第十九条、第三十二条以及第五十二条的规定，个人跨统筹地区就业的，其基本养老保险关系、基本医疗保险关系、失业保险关系随本人转移，缴费年限累计计算。而《社会保险法》并没有对跨统筹地区就业人员的工伤保险关系和生育保险关系需要随本人转移进行规定。因此，如您系跨统筹地区就业，只需要转移基本养老保险关系、基本医疗保险关系以及失业保险关系。

如何判断您从老家到工作地是否属于"跨统筹地区"呢？结合《国务院关于建立城镇职工基本医疗保险制度的决定》以及《城镇企业职工基本养老保险关系转移接续暂行办法》等规定，可以简单理解为跨省流动就业一定为跨统筹地区，省内跨地区流动就业不一定为跨统筹地区，具体仍需要咨询当地的社会保险机构方能确定。以广东省为例，截至2023年3月1日，个人在广东省内流动就业的，除到深圳市就业仍需要转移基本养老保险关系、基本医疗保险关系以及失业保险关系外,到省内其他地区就业仅需要转移基本养老保险关系。而跨省流动就业的,则需要转移基本养老保险关系、基本医疗保险关系以及失业保险关系。

那么,应该如何转移社会保险关系呢?您可以要求用人单位向新参保地的社保经办机构办理关系转移手续,也可以个人办理,如线下办理则需要到新参保地的社保经办机构提出申请,如线上办理则可以通过国家社会保险公共服务平台(http://si.12333.gov.cn)、"掌上12333"APP提出转移申请。

第 43 问

有的农民工不符合参加基本养老保险和职工基本医疗保险的主体资格，怎么办？

根据《社会保险法》第十条以及第二十三条的规定，职工应当参加基本养老保险和职工基本医疗保险，由用人单位和职工共同缴纳基本养老保险费和基本医疗保险费。无雇工的个体工商户、未在用人单位参加基本养老保险和职工基本医疗保险的非全日制从业人员以及其他灵活就业人员可以参加基本养老保险和职工基本医疗保险，由个人缴纳基本养老保险费和基本医疗保险费。

然而，部分农民工既不属于在用人单位工作的职工，没有用人单位与其共同参加基本养老保险和职工基本医疗保险并缴纳费用，也不属于无雇工的个体工商户、未在用人单位参加基本养老保险和职工基本医疗保险的非全日制从业人员以及其他灵活就业人员，个人无法参加基本养老保险和基本医疗保险并缴纳费用，如由个人（包工头）雇佣的施工人员。那么，这部分农民工的养老和医疗如何得到保障呢？

五、社会保险与住房公积金

《社会保险法》第二十条规定:"国家建立和完善新型农村社会养老保险制度。新型农村社会养老保险实行个人缴费、集体补助和政府补贴相结合。"第二十一条规定:"新型农村社会养老保险待遇由基础养老金和个人账户养老金组成。参加新型农村社会养老保险的农村居民,符合国家规定条件的,按月领取新型农村社会养老保险待遇。"第二十四条规定:"国家建立和完善新型农村合作医疗制度。新型农村合作医疗的管理办法,由国务院规定。"

什么是新型农村社会养老保险呢?新型农村社会养老保险是农民自愿参加的养老保障制度,能逐步解决农村居民老有所养的问题。

什么是新型农村合作医疗呢?新型农村合作医疗是农民自愿参加的医疗保障制度,能够提高农民健康保障水平,减轻农民医疗负担,解决农民因病致贫、因病返贫问题。

因此,如果部分农民工无法参加或者不愿意个人参加基本养老保险和职工基本医疗保险,其可以在户籍地自愿参加新型农村社会养老保险以及新型农村合作医疗,使老有所养、病有所医。

六、工伤及工伤保险

导读

您是否认为，只要是在工作时间、工作场所受伤或者上下班途中受伤，就一定能认定为工伤？您是否认为，只有构成劳动关系才能进行工伤认定？您是否认为，只有缴纳了工伤保险费才能享受工伤保险待遇？然而，法律规定并非如此。

首先，您需要学习以下法律常识：

1.一般来说，在工作时间、工作地点，因工作原因受伤的属于工伤，但有些特殊情形不得认定为工伤或可以视同工伤。

2.并非只有构成劳动关系才能进行工伤认定，在法定情形下，跟着个人干活时受伤也能视同工伤。

3.用人单位没有缴纳工伤保险费的，工伤保险待遇项目费用由用人单位承担。

接下来，请您带着以上常识进入问答，进一步了解工伤的相关内容。

六、工伤及工伤保险

第 *44* 问

我在工作时间、工作场所内受伤，一定能认定为工伤吗？

我们来看看在工作时间和工作场所内受伤认定为工伤的法律规定。《工伤保险条例》第十四条第一项、第二项和第三项规定："职工有下列情形之一的，应当认定为工伤：（一）在工作时间和工作场所内，因工作原因受到事故伤害的；（二）工作时间前后在工作场所内，从事与工作有关的预备性或者收尾性工作受到事故伤害的；（三）在工作时间和工作场所内，因履行工作职责受到暴力等意外伤害的……"第十六条规定："职工符合本条例第十四条、第十五条的规定，但是有下列情形之一的，不得认定为工伤或者视同工伤：（一）故意犯罪的；（二）醉酒或者吸毒的；（三）自残或者自杀的。"

因此，在工作时间和工作场所内受伤，也不一定就能认定为工伤，您在工作时间和工作场所受的伤应同时满足以下两点才能认定为工伤：

1. 受伤系因工作原因，或者因从事与工作有关的预备性或者收尾性工作，或者因履行工作职责。例如，您作为仓管员在下班后清点库存被货物砸伤，就是因从事与工作有关的收尾性工作受伤。

2.不存在故意犯罪、醉酒、吸毒、自残或者自杀的情形。例如，您作为公司司机，因在中午休息时间喝酒，导致在为公司运输货物时发生交通事故，您虽是在工作时间受伤，但不能认定为工伤。

六、工伤及工伤保险

第45问

我在下班回宿舍途中因发生交通事故而受伤，能认定为工伤吗？

我们来看看下班途中发生交通事故认定为工伤的法律规定。《工伤保险条例》第十四条第六项规定："职工有下列情形之一的，应当认定为工伤……（六）在上下班途中，受到非本人主要责任的交通事故或者城市轨道交通、客运轮渡、火车事故伤害的……"第十六条规定："职工符合本条例第十四条、第十五条的规定，但是有下列情形之一的，不得认定为工伤或者视同工伤：（一）故意犯罪的；（二）醉酒或者吸毒的；（三）自残或者自杀的。"

另外，人力资源和社会保障部对"上下班途中"以及"非本人主要责任"作出了解释性规定。《人力资源社会保障部关于执行〈工伤保险条例〉若干问题的意见》第二条规定："《条例》第十四条第（六）项规定的'非本人主要责任'的认定，应当以有关机关出具的法律文书或者人民法院的生效裁决为依据。"《人力资源社会保障部关于执行〈工伤保险条例〉若干问题的意见

(二)》第六条规定:"职工以上下班为目的、在合理时间内往返于工作单位和居住地之间的合理路线,视为上下班途中。"

因此,在下班回宿舍途中因发生交通事故而受伤,不一定能认定为工伤。您在下班回宿舍途中因发生交通事故而受伤应同时满足以下几点才能认定为工伤:

1.以下班为目的;

2.在合理时间内往返工作单位和宿舍,例如,您下班后与老乡在外聚餐到凌晨才回宿舍,不属于合理时间;

3.往返工作单位和宿舍的路线合理,例如,您下班后没有走平日里常走的道路,而是为了抄近路走仍在建设中的、半围闭的、未开放的小路,不属于合理路线;

4.发生非本人主要责任的交通事故,例如,交警大队出具的交通事故责任认定书认定您在交通事故中不负主要责任;

5.不存在故意犯罪、醉酒、吸毒、自残或者自杀的情形,例如,您在下班回宿舍途中因醉酒导致发生交通事故,不能认定为工伤。

六、工伤及工伤保险

第 46 问

家在农村，我因春节假期下班后返乡或假期结束返岗途中发生交通事故而受伤，能认定为工伤吗？

《工伤保险条例》第十四条第六项规定："职工有下列情形之一的，应当认定为工伤……（六）在上下班途中，受到非本人主要责任的交通事故或者城市轨道交通、客运轮渡、火车事故伤害的……"《人力资源社会保障部关于执行〈工伤保险条例〉若干问题的意见（二）》第六条规定："职工以上下班为目的、在合理时间内往返于工作单位和居住地之间的合理路线，视为上下班途中。"那么，春节返乡或者假期结束返岗途中，是否属于"以上下班为目的""在合理时间""合理路线"的上下班途中呢？

《最高人民法院关于审理工伤保险行政案件若干问题的规定》第六条规定："对社会保险行政部门认定下列情形为'上下班途中'的，人民法院应予支持：（一）在合理时间内往返于工作地与住所地、经常居住地、单位宿舍的合理路线的上下班途中；（二）在合理时间内往返于工作地与配偶、父母、子女居住地的合理路线的上下班途中；（三）从事属于日常工作生活所需要的活动，且在合理时间和合理路线的上下班途中；（四）在合理时间内其他合理路线的上下班途中。"

您在春节假期自下班后返乡或在假期结束后从农村返岗，符合"以上下班为目的""在合理时间"，又因您的家在农村，您往返于农村与工作地属于在"合理路线"中，因此，您因春节假期在下班后返乡或者因假期结束后从农村返岗，属于在合理时间内往返于工作地与住所地的合理路线的上下班途中，在此途中发生交通事故的，除您存在《工伤保险条例》第十六条规定的故意犯罪、醉酒、吸毒、自残或者自杀的情形以外，均应当认定为工伤。

六、工伤及工伤保险

第47问

农民工在超过法定退休年龄后外出务工受伤，能认定为工伤吗？

《最高人民法院关于超过法定退休年龄的进城务工农民在工作时间内因公伤亡的，能否认定工伤的答复》认为："用人单位聘用的超过法定退休年龄的务工农民，在工作时间内、因工作原因伤亡的，应当适用《工伤保险条例》的有关规定进行工伤认定。"

《人力资源社会保障部关于执行〈工伤保险条例〉若干问题的意见（二）》第二条第二款规定："用人单位招用已经达到、超过法定退休年龄或已经领取城镇职工基本养老保险待遇的人员，在用工期间因工作原因受到事故伤害或患职业病的，如招用单位已按项目参保等方式为其缴纳工伤保险费的，应适用《工伤保险条例》。"

因此，农民工在超过法定退休年龄后外出务工，并在工作时因工作原因受伤，如果用人单位有按项目参保等方式为农民工缴纳工伤保险费，则应当适用《工伤保险条例》的有关规定进行工伤认定。例如，农民工在超过法定退休年龄后到建筑施工单位工作，施工单位按施工项目为农民工缴纳工伤保险费，则农民工在施工时因工受伤的，应当认定为工伤。

六、工伤及工伤保险

第 48 问

我被个人包工头雇佣施工受伤,或者被个人车主雇佣运货受伤,不构成劳动关系,还能认定为工伤吗?

根据《人力资源社会保障部关于执行〈工伤保险条例〉若干问题的意见》第七条规定:"具备用工主体资格的承包单位违反法律、法规规定,将承包业务转包、分包给不具备用工主体资格的组织或者自然人,该组织或者自然人招用的劳动者从事承包业务时因工伤亡的,由该具备用工主体资格的承包单位承担用人单位依法应承担的工伤保险责任。"

《最高人民法院关于审理工伤保险行政案件若干问题的规定》第三条第一款规定:"社会保险行政部门认定下列单位为承担工伤保险责任单位的,人民法院应予支持:(一)职工与两个或两个以上单位建立劳动关系,工伤事故发生时,职工为之工作的单位为承担工伤保险责任的单位;(二)劳务派遣单位派遣的职工在用工单位工作期间因工伤亡的,派遣单位为承担工伤保险责任的单位;(三)单位指派到其他单位工作的职工因工伤亡的,指派单位为承担工伤保险责任的单位;(四)用工单位违反法律、法规规定将承包业务转包给不具备用工主体资格的组织或者自然人,该组织或者自然人聘用的职工从事承包业务时因工伤亡的,用工单位为承担工伤保险责任的单位;(五)个人挂靠其他单位对外经营,其聘用的人员因工伤亡的,被挂靠单位为承担工伤保险责任的单位。"

由此可见,即使受雇人员没有与雇主形成劳动关系,受雇人员因工伤亡的,根据法律规定,也可认定为工伤。

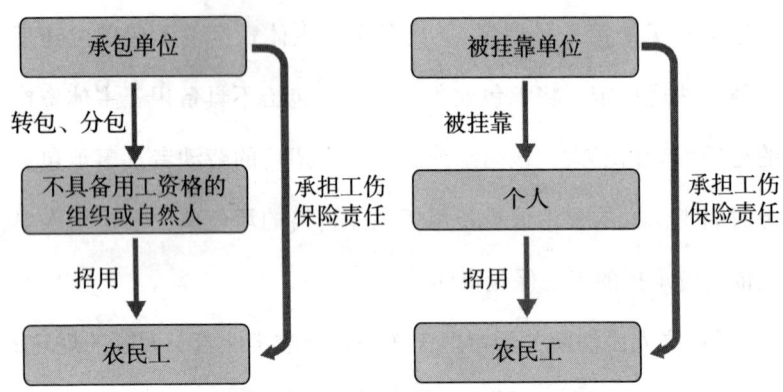

图6-1 承包单位与被挂靠单位承担工伤保险责任示意

《人力资源社会保障部关于执行〈工伤保险条例〉若干问题的意见》第七条以及《最高人民法院关于审理工伤保险行政案件若干问题的规定》第三条第一款第四项所述的组织或者自然人招用人员从事承包业务时,因该组织和自然人不具备用工资格,即

六、工伤及工伤保险

不具备成立劳动关系要求的主体资格,其无法与招用的人员形成劳动关系。但是,法律规定,在此情形下,被招用人员因工受伤的,视为工伤,工伤保险责任由将承包业务转包、分包的具备用工主体资格的承包单位承担。因此,如果您被个人包工头雇佣,在施工时因工受伤,除法律法规另有规定外,可以视为工伤,承担工伤保险责任的单位为转包或分包施工工程给包工头的、具备用工主体资格的单位。

《最高人民法院关于审理工伤保险行政案件若干问题的规定》第三条第一款第五项所述的个人聘用人员时,因该个人不具备成立劳动关系要求的主体资格,所以无法与聘用的人员形成劳动关系。但是,法律规定,在此情形下,被聘用的人员因工受伤的,视为工伤,工伤保险责任由个人挂靠的单位承担。因此,如果您被个人车主雇佣,在运货时因工受伤,而车主将车辆挂靠在有道路运输资质的单位,除法律法规另有规定外,可以视为工伤,承担工伤保险责任的单位为被挂靠单位。

第 49 问

用人单位不申请工伤认定，农民工应该如何自行申请工伤认定？

根据《工伤保险条例》第十七条、第十八条、第十九条、第二十条以及《工伤认定办法》的规定，农民工申请工伤认定的条件和流程如下。

1. 申请人

除农民工本人外，农民工的近亲属、工会组织也可以代为提出工伤认定申请。

2. 申请期限

用人单位未在自农民工发生事故伤害之日或者被诊断、鉴定为职业病之日起30日内申请工伤认定的，受害农民工本人或者其近亲属、工会组织可以在事故伤害发生之日或者被诊断、鉴定为职业病之日起1年内申请工伤认定。

3. 受理机关

（1）部门：统筹地区的社会保险行政部门，一般是人力资源和社会保障局。

六、工伤及工伤保险

（2）管辖地：通常在用人单位注册地申请认定；如用人单位注册地与生产经营地不在同一统筹地区，可以在参加工伤保险的生产经营地申请认定；如用人单位在注册地和生产经营地均未参加工伤保险，农民工受到事故伤害或者患职业病后，在生产经营地进行工伤认定。

4.应提交申请材料

（1）工伤认定申请表。

（2）主体信息。如申请人为农民工本人，应提交农民工身份证复印件并提供原件供核对；如申请人非农民工本人，需要提交申请人身份证明以及与受伤农民工的关系证明。

（3）与用人单位存在劳动关系（包括事实劳动关系）的证明材料，如劳动合同、工资单、考勤表、工牌等。但是，如果属于不存在劳动关系但仍可视为工伤进行认定的情形，则需要提交相应证明材料，即能够证明农民工与雇主存在雇佣关系的材料以及转包、分包或挂靠与被挂靠的材料。

（4）医疗诊断证明或者职业病诊断证明书（或者职业病诊断鉴定书）。

具体以受理机关的要求为准。

5.受理

社会保险行政部门在收到工伤认定申请后15日内审核申请

材料，材料完整的，作出受理的决定，出具《工伤认定申请受理决定书》或者作出不予受理的决定，出具《工伤认定申请不予受理决定书》；材料不完整的，应当以书面形式一次性告知申请人需要补正的全部材料，并在收到全部补正材料后15日内作出受理或者不予受理的决定。

6. 调查核实

社会保险行政部门在受理工伤认定申请后，可以根据需要对申请人提供的证据进行调查核实。

7. 作出工伤认定决定

社会保险行政部门应当自受理工伤认定申请之日起60日内作出工伤认定决定，出具《认定工伤决定书》或者《不予认定工伤决定书》。

8. 决定书送达

社会保险行政部门应当自工伤认定决定作出之日起20日内，将决定书送达受害农民工本人或其近亲属、用人单位，并抄送社会保险经办机构。

9. 救济

如受害农民工本人或其近亲属、用人单位对不予受理工伤决定不服或者对工伤认定决定不服，可以依法申请行政复议或者提起行政诉讼。

六、工伤及工伤保险

第50问

工伤保险待遇有哪些？怎么计算？

根据《工伤保险条例》《人力资源社会保障部关于工伤保险待遇调整和确定机制的指导意见》等规定，笔者将工伤保险待遇项目和计算方式进行了整理，具体内容详见表6-1。

表6-1 工伤保险待遇项目和计算方式

项目	计算方式	备注
治疗工伤医疗费用	符合标准的，据实支付	符合工伤保险诊疗项目目录、工伤保险药品目录、工伤保险住院服务标准的，从工伤保险基金中支付
职工住院治疗工伤的伙食补助费	原则上不超过上年度省（区、市）城镇居民日人均消费支出额的40%，具体标准由统筹地区人民政府规定。以广东省为例，从2019年7月1日起按照50元/天的标准执行	从工伤保险基金中支付

续表

项目	计算方式	备注
异地就医交通费用	具体标准由统筹地区人民政府规定	经医疗机构出具证明，报经办机构同意，工伤职工到统筹地区以外就医所需的交通、食宿费用从工伤保险基金中支付
异地就医食宿费用	以广东省为例，在城市间往返一次的交通费用凭有效票据报销，限于公共汽车、火车硬席、高铁（动车）二等席、轮船三等舱、飞机经济舱、医疗机构救护车，超过规定标准的部分费用自理；转诊期间（不含入住院期间），转入地的市内交通、住宿费用在530元/天的总限额以内的，按规定报销，伙食费包干标准为50元/天，与住院伙食补助费不重复享受，转诊期最长不超过3天	
工伤康复费用	符合规定的，据实支付	工伤职工到与其签订服务协议的医疗机构进行工伤康复的费用，符合规定的，从工伤保险基金中支付

六、工伤及工伤保险

续表

项目	计算方式	备注
辅助器具费用	经劳动能力鉴定委员会确认，按照国家规定的标准据实支付，但费用限于普及型部分	从工伤保险基金中支付
停工留薪期工资	原工资福利待遇不变，按月支付	以广东省为例，停工留薪期根据医疗终结期确定，由劳动能力鉴定委员会确认，最长不超过24个月，停工留薪期工资由所在单位支付，评定伤残等级后停发停工留薪期工资
停工留薪期护理费用	参照当地护工从事同等级别护理的劳务报酬标准	工伤职工在停工留薪期间生活不能自理需要护理的，由所在单位负责，所在单位未派人护理的，应当支付护理费
生活护理费	生活完全不能自理：统筹地区上年度职工月平均工资×50%； 生活大部分不能自理：统筹地区上年度职工月平均工资×40%； 生活部分不能自理：统筹地区上年度职工月平均工资×30%	工伤职工已经评定伤残等级并经劳动能力鉴定委员会确认需要生活护理的，从工伤保险基金中按月支付生活护理费

续表

项目	计算方式	备注
一次性伤残补助金	一级伤残：27个月的本人工资； 二级伤残：25个月的本人工资； 三级伤残：23个月的本人工资； 四级伤残：21个月的本人工资； 五级伤残：18个月的本人工资； 六级伤残：16个月的本人工资； 七级伤残：13个月的本人工资； 八级伤残：11个月的本人工资； 九级伤残：9个月的本人工资； 十级伤残：7个月的本人工资	一级至四级伤残的职工：保留劳动关系，退出工作岗位，享受一次性伤残补助金和伤残津贴。工伤职工达到退休年龄并办理退休手续后，停发伤残津贴，按照国家有关规定享受基本养老保险待遇。基本养老待遇低于伤残津贴的，由工伤保险基金补足差额 五级至六级伤残的职工：保留与用人单位劳动关系，享受一次性伤残补助金，并由用人单位安排适当工作。难以安排工作的，由用人单位按月发给伤残津贴。经工伤职工本人提出，该职工可以与用人单位解除或者终止劳动关系，由工伤保险基金支付一次性工伤医疗补助金，由用人单位支付一次性伤残就业补助金

六、工伤及工伤保险

续表

项目	计算方式	备注
伤残津贴	一级伤残：本人工资×90%； 二级伤残：本人工资×85%； 三级伤残：本人工资×80%； 四级伤残：本人工资×75%； 五级伤残：本人工资×70%； 六级伤残：本人工资×60% 伤残津贴实际金额低于当地最低工资标准的，由工伤保险基金补足差额	七级至十级伤残的职工：享受一次性伤残补助金，劳动、聘用合同期满终止，或者职工本人提出解除劳动、聘用合同的，由工伤保险基金支付一次性工伤医疗补助金，由用人单位支付一次性伤残就业补助金
一次性工伤医疗补助金	具体标准由省、自治区、直辖市人民政府规定 以广东省为例，标准如下： 五级伤残：10个月的本人工资； 六级伤残：8个月的本人工资；	

123

续表

项目	计算方式	备注
	七级伤残：6个月的本人工资； 八级伤残：4个月的本人工资； 九级伤残：2个月的本人工资； 十级伤残：1个月的本人工资	
一次性伤残就业补助金	具体标准由省、自治区、直辖市人民政府规定 以广东省为例，标准如下： 五级伤残：50个月的本人工资； 六级伤残：40个月的本人工资； 七级伤残：25个月的本人工资； 八级伤残：15个月的本人工资； 九级伤残：8个月的本人工资； 十级伤残：4个月的本人工资	

六、工伤及工伤保险

续表

项目	计算方式	备注
丧葬补助金	统筹地区上年度职工月平均工资×6个月	伤残职工在停工留薪期内因工伤导致死亡的，其近亲属享受丧葬补助金、供养亲属抚恤金和一次性工亡补助金 一级至四级伤残职工在停工留薪期满后死亡的，其近亲属可以享受丧葬补助金和供养亲属抚恤金
供养亲属抚恤金	按照职工本人工资的一定比例发给由因工死亡职工生前提供主要生活来源、无劳动能力的亲属，每人每月标准为： 配偶：职工本人工资40%； 其他亲属：职工本人工资30%； 孤寡老人或者孤儿在上述标准的基础上增加10% 核定的各供养亲属的抚恤金之和不应高于因工死亡职工生前的工资	
一次性工亡补助金	上一年度全国城镇居民人均可支配收入的20倍	

注：表中数据更新至2023年5月1日。

第 51 问

用人单位没有参加工伤保险，我还能享受工伤保险待遇吗？

《工伤保险条例》第六十二条规定："用人单位依照本条例规定应当参加工伤保险而未参加的，由社会保险行政部门责令限期参加，补缴应当缴纳的工伤保险费，并自欠缴之日起，按日加收万分之五的滞纳金；逾期仍不缴纳的，处欠缴数额1倍以上3倍以下的罚款。依照本条例规定应当参加工伤保险而未参加工伤保险的用人单位职工发生工伤的，由该用人单位按照本条例规定的工伤保险待遇项目和标准支付费用。用人单位参加工伤保险并补缴应当缴纳的工伤保险费、滞纳金后，由工伤保险基金和用人单位依照本条例的规定支付新发生的费用。"

由上述规定可知，如果用人单位没有参加工伤保险、缴纳工伤保险费，而您在此期间发生工伤，则您仍能享受工伤保险待遇，但工伤保险所需费用由用人单位支付。

七、侵权纠纷

导读

您是否认为，只要是您造成的侵权损害就一定由您本人承担责任？您是否认为，只要您遭受人身损害或财产损失，就一定能获得损害赔偿？然而，法律规定并非如此。

首先，您需要学习以下法律常识：

1.一般来说，谁侵权谁担责，但在法定情形下也可以减轻侵权人的责任。

2.如果您在履行"职务行为"时造成他人损害，则由用人单位承担侵权责任。用人单位承担侵权责任后，可以向有故意或者重大过失的您追偿。

3.如果您是劳务派遣人员，在劳务派遣期间，因执行工作任务造成他人损害的，由接受劳务派遣的用工单位承担侵权责任；劳务派遣单位有过错的，承担相应的责任。

接下来，请您带着以上常识进入问答，进一步了解侵权纠纷中的侵权责任分配与承担。

七、侵权纠纷

第 52 问

我搭乘同乡的免费顺风车返乡时，因同乡全责导致的交通事故而受伤，我可以要求同乡承担赔偿责任吗？

根据《民法典》第一千二百一十七条的规定："非营运机动车发生交通事故造成无偿搭乘人损害，属于该机动车一方责任的，应当减轻其赔偿责任，但是机动车使用人有故意或者重大过失的除外。"

您同乡的车辆属于非营运机动车，同乡驾驶该车辆让您免费搭乘，这类好心助人的情形，在法律中属于"好意施惠"中的"好意同乘"。为了提倡助人为乐，维护社会公序良俗，我国从法律层面规定，在"好意同乘"时发生交通事故造成乘车人损害的，虽然机动车一方应当依法承担过错赔偿责任，但没有故意或重大过失的，应当减轻其赔偿责任。

因此，您搭乘同乡的免费顺风车返乡时，因同乡全责导致的交通事故而受伤，您可以要求同乡承担赔偿责任，但应当减轻其赔偿责任，除非您的同乡是故意的或者存在重大过失。

第 53 问

为公司开车送货时发生交通事故，造成他人受伤，我需要承担赔偿责任吗？

《民法典》第一千一百九十一条第一款规定："用人单位的工作人员因执行工作任务造成他人损害的，由用人单位承担侵权责任。用人单位承担侵权责任后，可以向有故意或者重大过失的工作人员追偿。"

您为公司开车送货是在执行用人单位的工作任务，属于"职务行为"，因此，发生交通事故造成他人受伤时，应由用人单位承担侵权责任。如果交通事故的发生系因您故意或者重大过失导致的，则用人单位在承担侵权责任后可以向您追偿；如果您不存在故意或重大过失，则用人单位不可以向您追偿。

七、侵权纠纷

第54问

我是外卖员，在送外卖途中不慎撞伤人，我需要承担赔偿责任吗？

随着外卖配送行业的蓬勃发展，社会对外卖员的需求不断增加，外卖员多样的用工关系，影响着外卖员在送外卖途中致人损害时的损害赔偿责任的判定。虽然外卖员通常穿着外卖平台的制服并在配送中使用外卖平台的标识，但外卖员不一定直接受雇于该外卖平台。因此，您是否需要承担赔偿责任，需要根据您的用工关系进行判定，下面简单列举几种用工情形进行分析。

1.如果您是餐饮商家直接聘用的外卖员，您与聘用您的商家形成管理与被管理的关系，您受商家指派进行送餐，并由商家直接发放工资，则您与商家形成劳动关系。《民法典》第一千一百九十一条第一款规定："用人单位的工作人员因执行工作任务造成他人损害的，由用人单位承担侵权责任。用人单位承担侵权责任后，可以向有故意或者重大过失的工作人员追偿。"因此，您的送餐行为属于执行商家工作任务的"职务行为"，您在送餐途中撞伤他人，由您的用人单位即直接聘用您的餐饮商家承担侵权责任。

2.如果您是外卖平台公司直接聘用的外卖员,则您与外卖平台形成劳动关系,您的送餐行为属于执行外卖平台工作任务的"职务行为"。您在送餐途中造成他人损害,由您的用人单位即外卖平台公司承担侵权责任。具体分析参照第一种情形。

3.如果外卖平台公司与外包公司签订外包协议,将外卖配送业务外包给外包公司处理,并向外包公司支付外包费用。而您是外包公司聘用的人员,经外包公司指派,完成外卖平台公司外包的配送业务,并由外包公司直接发放工资。此种情形下,您与外包公司形成劳动关系,因此,您在送餐途中造成他人损害的,由您的用人单位即外包公司承担侵权责任。具体分析参照第一种情形。

4.如果您是被劳务派遣公司派遣至外卖平台公司的外卖员,则劳务派遣公司是您的用人单位,外卖平台公司是您的用工单位。《民法典》第一千一百九十一条第二款规定:"劳务派遣期间,被派遣的工作人员因执行工作任务造成他人损害的,由接受劳务派遣的用工单位承担侵权责任;劳务派遣单位有过错的,承担相应的责任。"此种情形下,您在执行用工单位即外卖平台公司的送餐任务时造成他人损害,由外卖平台公司承担侵权责任,如劳务派遣公司有过错,由其承担相应责任。

七、侵权纠纷

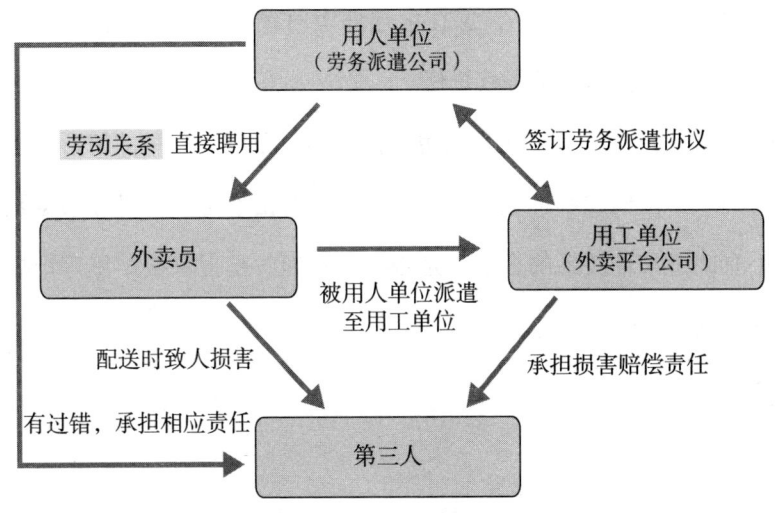

```
                    ┌─────────────┐
                    │   用人单位    │
                    │ (劳务派遣公司)│
                    └─────────────┘
      劳动关系 直接聘用          签订劳务派遣协议
            ↓                        ↕
      ┌─────────┐  被用人单位派遣  ┌─────────────┐
      │  外卖员  │ ───────────→  │   用工单位    │
      └─────────┘   至用工单位    │ (外卖平台公司)│
                                  └─────────────┘
      配送时致人损害            承担损害赔偿责任
  有过错,承担相应责任          ↓
            ↓         ┌─────────┐
            └────────→│  第三人  │
                      └─────────┘
```

图7-1 劳务派遣关系中劳动者致人损害的责任承担

5.如果您是与众包公司签订劳务协议的众包外卖员,您虽然是通过线上外卖平台登记注册成为外卖员的,但实际上是在登记注册过程中与众包公司签订的劳务协议。在众包公司发布劳务任务、派发外卖单时,您提供劳务、接单配送,完成配送后从众包公司处获得劳务报酬,其间由您自由决定是否接单以及安排空闲时间活动,不受众包公司管理,更不受外卖平台公司管理,您与众包公司形成劳务关系。《民法典》第一千一百九十二条第一款规定:"个人之间形成劳务关系,提供劳务一方因劳务造成他人损害的,由接受劳务一方承担侵权责任。接受劳务一方承担侵权责任后,可以向有故意或者重大过失的提供劳务一方追偿。提供劳务一方因劳务受到损害的,根据双方各自的过错承担相应的责任。"在此情形下,您在配送外卖时致人损害,由接受劳务一方即众包公司承担侵权责任。

应注意的是,外卖员的用工情形不限于以上列举的情形,您与哪个单位构成哪种关系、在致人损害时由谁担责,仍应根据是否有确定某种关系的合意、是否接受管理、是否直接结算等证据进行具体分析、认定。

七、侵权纠纷

第55问

我骑电动自行车与小汽车相撞，需要承担赔偿责任吗？

《道路交通安全法》第七十六条规定："机动车发生交通事故造成人身伤亡、财产损失的，由保险公司在机动车第三者责任强制保险责任限额范围内予以赔偿；不足的部分，按照下列规定承担赔偿责任：（一）机动车之间发生交通事故的，由有过错的一方承担赔偿责任；双方都有过错的，按照各自过错的比例分担责任。（二）机动车与非机动车驾驶人、行人之间发生交通事故，非机动车驾驶人、行人没有过错的，由机动车一方承担赔偿责任；有证据证明非机动车驾驶人、行人有过错的，根据过错程度适当减轻机动车一方的赔偿责任；机动车一方没有过错的，承担不超过百分之十的赔偿责任。交通事故的损失是由非机动车驾驶人、行人故意碰撞机动车造成的，机动车一方不承担赔偿责任。"

由此可见，当机动车发生交通事故造成损害时，先由机动车的保险公司在第三者责任强制保险责任限额范围内予以赔偿，不足的部分再根据以下两个问题进行划分，确定赔偿责任：与机动车发生交通事故的是机动车，还是非机动车？是否存在过错或故意的情形？

发生交通事故时，您在驾驶电动自行车，那电动自行车是机动车还是非机动车呢？虽然"电动自行车"一词出现在《道路交通安全法》第四章第三节"非机动车通行规定"中，但是，并非所有"电动自行车"都属于非机动车。根据《机动车运行安全技术条件》（GB 7258—2017）第3.6条的规定，摩托车是"由动力装置驱动的，具有两个或三个车轮的道路车辆，但不包括……e）符合电动自行车国家标准规定的车辆"。由此可见，如经鉴定，您的电动自行车不符合国家标准，您驾驶的电动自行车则属于机动车。

因此，您驾驶电动自行车与小汽车相撞的责任承担有以下两种情形：

1.如果您驾驶的电动自行车符合国家标准，则属于非机动车，其与小汽车相撞，属于非机动车与机动车之间发生交通事故，如您没有过错，则由小汽车一方承担赔偿责任；如有证据证明您有过错，则适当减轻小汽车一方的赔偿责任；如小汽车一方没有任何过错，其承担不超过10%的赔偿责任；如有证据证明是您故意造成事故发生，则小汽车一方不承担责任。

七、侵权纠纷

2.如果您驾驶的电动自行车因不符合国家标准而被归为机动车,其与小汽车相撞,属于机动车之间发生交通事故,谁有过错谁承担责任,都有过错的,双方按过错比例承担责任。

第 56 问

外来务工人员的未成年子女在校园受伤，可以向谁追责？

《民法典》第一千一百九十九条、第一千二百条、第一千二百零一条对未成年人在校园内受到人身损害的，幼儿园、学校、其他教育机构以及造成损害的第三人应承担的侵权责任进行了相应规定，从中可以总结出未成年子女在校园受伤时可以向谁追责。

《民法典》第一千一百九十九条规定："无民事行为能力人在幼儿园、学校或者其他教育机构学习、生活期间受到人身损害的，幼儿园、学校或者其他教育机构应当承担侵权责任；但是，能够证明尽到教育、管理职责的，不承担侵权责任。"第一千二百条规定："限制民事行为能力人在学校或者其他教育机构学习、生活期间受到人身损害，学校或者其他教育机构未尽到教育、管理职责的，应当承担侵权责任。"第一千二百零一条规定："无民事行为能力人或者限制民事行为能力人在幼儿园、学校或者其他教育机构学习、生活期间，受到幼儿园、学校或者其

七、侵权纠纷

他教育机构以外的第三人人身损害的,由第三人承担侵权责任;幼儿园、学校或者其他教育机构未尽到管理职责的,承担相应的补充责任。幼儿园、学校或者其他教育机构承担补充责任后,可以向第三人追偿。"

那么,未成年人中哪些人属于无民事行为能力人,哪些人属于限制民事行为能力人呢?根据《民法典》第十七条至第二十条的规定,不满十八周岁的自然人为未成年人,具体而言,不满八周岁的未成年人为无民事行为能力人;八周岁以上的未成年人为限制民事行为能力人;十六周岁以上未成年人,以自己的劳动收入为主要生活来源的可视为完全民事行为能力人,不过仍在校园内读书的未成年人显然不属于此种情形。

综上所述,根据未成年子女的民事行为能力的不同,其在校园内受伤的,对幼儿园、学校、其他教育机构以及造成损害的第三人实行的归责原则也不同,您可以根据具体情形,向需要承担侵权责任的主体进行追责。表7-1对追责情形进行了整理。

表7-1 未成年人在校园内受伤,追责的主体承担责任的情形

分类	无民事行为能力(不满八周岁)	限制民事行为能力(八周岁以上未满十八周岁)
非第三人造成损害的追责情形	【向学校追责】幼儿园、学校或者其他教育机构应当承担侵权责任;但是,能够证明尽到教育、管理职责的,不承担侵权责任(过错推定原则)	【向学校追责】学校或者其他教育机构未尽到教育、管理职责的,应当承担侵权责任(过错责任原则)
第三人造成损害的追责情形	1.【向造成损害的第三人追责】由第三人承担侵权责任 2.【向学校追责】幼儿园、学校或者其他教育机构未尽到管理职责、安全保障义务的,承担相应的补充责任	

七、侵权纠纷

第57问

我在出租屋触电受伤,可以向谁主张赔偿责任?

《民法典》第一千一百六十五条规定:"行为人因过错侵害他人民事权益造成损害的,应当承担侵权责任。依照法律规定推定行为人有过错,其不能证明自己没有过错的,应当承担侵权责任。"第一千一百七十三条规定:"被侵权人对同一损害的发生或者扩大有过错的,可以减轻侵权人的责任。"您可以将以上两个法条简单理解为:谁对损害有过错,谁承担责任;被侵权人有过错,可以减轻侵权人责任。

您在出租屋触电受伤,以下几方可能对您的损害承担责任。

1.出租屋的所有权人。因没有正确安装房屋的用电线路及漏电保护装置等过错导致损害发生的,出租屋的所有权人应承担相应赔偿责任。

2.出租屋的出租人。出租屋的出租人如果没有履行安全保障义务,没有提供有漏电保护装置、用电线路安装正确、能保证用电安全的房屋,没有对房屋、用电线路、电器等进行定期检修、维修、管理,出租屋的出租人应承担相应赔偿责任。

3.触电电器的生产者。电器的生产者生产的电器质量不符合国家标准,导致电器漏电使您触电的,电器的生产者应承担相应赔偿责任。

4.触电电器的安装人。电器的安装人未按国家标准安装电器,导致电器漏电使您触电的,电器的安装人应承担相应赔偿责任。

5.触电电器的使用人,即您本人。如果您存在没有规范用电、明知电器存在漏电安全隐患却不消除隐患等过错,您应承担相应过错责任,相应地,其他侵权人的责任得以减轻。

侵权人可能不限于以上列举对象,至于各侵权人具体应承担的赔偿责任的比例是多少,则应结合案件事实和证据,由法院进行具体分析和裁判。

七、侵权纠纷

第 58 问

农民工在城镇务工遭受人身损害，受偿标准是按农村标准计算还是按城镇标准计算？

2022年修正前的《最高人民法院关于审理人身损害赔偿案件适用法律若干问题的解释》规定，残疾赔偿金、死亡赔偿金按照受诉法院所在地上一年度城镇居民人均可支配收入或者农村居民人均纯收入标准计算；被扶养人生活费按照受诉法院所在地上一年度城镇居民人均消费性支出和农村居民人均年生活消费支出标准计算。但是，这一规定导致了"同命不同价"的社会问题。

为解决上述问题，2022年修正后的《最高人民法院关于审理人身损害赔偿案件适用法律若干问题的解释》规定，自2022年5月1日起，残疾赔偿金、死亡赔偿金按照受诉法院所在地上一年度城镇居民人均可支配收入标准计算；被扶养人生活费按照受诉法院所在地上一年度城镇居民人均消费支出标准计算。由此可见，在2022年修正后的《最高人民法院关于审理人身损害赔偿案件适用法律若干问题的解释》施行后，无论被侵权人是农村户籍的农民工还是城镇户籍的职工，无论侵权行为是发生在农村

143

还是在城镇，只要是侵权行为引起的人身损害赔偿案件，残疾赔偿金、死亡赔偿金、被扶养人生活费的受偿标准都统一按城镇标准计算。

八、土地、林地与村民权益

导读

您是否认为，如果您外出务工就将失去土地使用权，连自己种下的林木也将任人处理？您是否认为，如果您外出务工就会失去村民权利，连村民会议的决定也无法监督？然而，法律规定并非如此。

首先，您需要学习以下法律常识：

1.《土地管理法》第九条规定，宅基地和自留地、自留山，归农民集体所有。您仅拥有宅基地的使用权。

2.《森林法》第二十条第二款规定，农村居民在房前屋后、自留地、自留山种植的林木，归个人所有。他人不能随意处理、砍伐。

3.外出务工并不会使您失去土地使用权和村民权益，除非有其他规定。例如，停止使用土地并满足一定条件后，您的土地使用权可能会被收回；您落户到城镇，您的村民权益也可能会被取消。

4.村民会议、村民委员会的组织、召集、决定、监督都受《村民委员会组织法》等法律的约束，并不是说您外出务工、不住在村里，就不能行使相关权利。

接下来，请您带着以上常识进入问答，进一步了解外出务工与您的土地、林地和村民权益的关系以及对您的影响。

八、土地、林地与村民权益

第59问

长期在外务工的我回乡后准备耕种自己的土地，但因记不清自己土地的四至而与相邻土地的村民产生争议，我应该如何处理？

根据《土地管理法》第十二条规定："土地的所有权和使用权的登记，依照有关不动产登记的法律、行政法规执行。依法登记的土地的所有权和使用权受法律保护，任何单位和个人不得侵犯。"因此，依法登记在您和其他村民名下的土地使用权都受法律保护，那么，您因长期在外务工导致记不清自己享有使用权的土地的四至，返乡后耕种土地时与相邻土地的村民产生土地使用权争议的，您可以按照以下的规定处理。

根据《土地管理法》第十四条规定："土地所有权和使用权争议，由当事人协商解决；协商不成的，由人民政府处理。单位之间的争议，由县级以上人民政府处理；个人之间、个人与单位之间的争议，由乡级人民政府或者县级以上人民政府处理。当事人对有关人民政府的处理决定不服的，可以自接到处理决定通知之日起三十日内，向人民法院起诉。在土地所有权和使用权争议解决前,任何一方不得改变土地利用现状。"

```
当事人协商解决
    ↓
协商不成的,由人民政府处理
    ↓
对人民政府处理决定不服的,向人民法院起诉
```

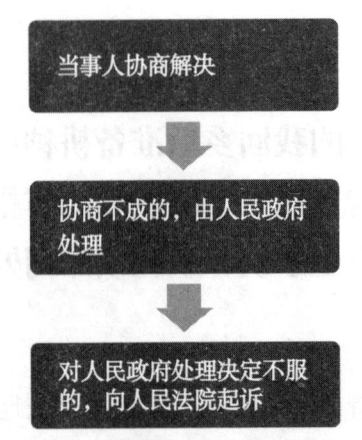

图8-1　土地使用权争议解决流程

因此,如果您和同村村民产生土地使用权争议的,属于个人之间的争议,你们可以先协商解决,如果协商不成的,你们可以将争议提交乡级人民政府或者县级以上人民政府处理,如果您不服人民政府作出的处理决定的,您可以自接到处理决定通知之日起三十日内,向人民法院提起诉讼。

八、土地、林地与村民权益

第60问

我因外出务工长期没有耕种自己承包的土地，会导致土地被收回吗？

《土地管理法》第三条规定，"十分珍惜、合理利用土地和切实保护耕地是我国的基本国策"。《基本农田保护条例》第十八条规定："禁止任何单位和个人闲置、荒芜基本农田……承包经营基本农田的单位或者个人连续2年弃耕抛荒的，原发包单位应当终止承包合同，收回发包的基本农田。"

耕地是我国重要的、战略性的土地资源，保护耕地是我国的基本国策，国家十分重视耕地的使用率，因此禁止任何单位和个人闲置、荒芜耕地。如果您因外出务工，导致此前承包经营的耕地连续两年没有耕作，则承包的土地将会被收回。

第61问

我担心外出务工后承包的土地会被收回,该怎么办?

《国务院关于解决农民工问题的若干意见》第二十七点提出:"保护农民工土地承包权益。土地不仅是农民的生产资料,也是他们的生活保障。要坚持农村基本经营制度,稳定和完善农村土地承包关系,保障农民工土地承包权益。不得以农民进城务工为由收回承包地,纠正违法收回农民工承包地的行为。农民外出务工期间,所承包土地无力耕种的,可委托代耕或通过转包、出租、转让等形式流转土地经营权,但不能撂荒。农民工土地承包经营权流转,要坚持依法、自愿、有偿的原则,任何组织和个人不得强制或限制,也不得截留、扣缴或以其他方式侵占土地流转收益。"

由此可见,即使您外出务工,相关单位也不能以此为由收回您承包的土地,但是,您外出务工致使承包的土地无人耕作经营,确实会导致珍贵的土地资源被浪费,如果长期闲置、荒置、停止使用土地,则土地可能会被收回。为此,您可以参考国家鼓励的方式,将无力耕种的承包土地委托代耕,或通过转包、出租、转让等形式流转土地经营权,保证土地有效使用,盘活承包的土地资源。

八、土地、林地与村民权益

第 62 问

农民工如在城镇落户,还享有宅基地使用权吗?

《土地管理法》第六十二条第六款规定:"国家允许进城落户的农村村民依法自愿有偿退出宅基地,鼓励农村集体经济组织及其成员盘活利用闲置宅基地和闲置住宅。"

自然资源部在《宅基地和集体建设用地使用权确权登记工作问答》第三十八问对"农民进城落户后其宅基地能不能确权登记?"进行了以下回答:《中共中央 国务院关于实施乡村振兴战略的意见》明确要求,依法维护进城落户农民的宅基地使用权、土地承包经营权、集体收益分配权,引导进城落户农民依法自愿有偿退出上述权益,不得以退出承包地和宅基地作为农民进城落户条件。《国土资源部①关于进一步加快宅基地和集体建设用地确权登记发证有关问题的通知》(国土资发〔2016〕191号)规定,农民进城落户后,其原合法取得的宅基地使用权应予以确权登记。

---

① 现为自然资源部。

综上所述,国家并未强制要求农民工在城镇落户后必须退出宅基地。农民工在城镇落户的,可以自愿退出宅基地,也可以不退出宅基地。如农民工没有退出宅基地,且宅基地是农民工在落户城镇前合法取得的,则该宅基地的使用权仍应登记在农民工名下。

八、土地、林地与村民权益

第 63 问

同村村民在我外出务工期间私自砍伐我在自留地上种植的林木，我可以要求赔偿吗？他需要承担行政或者刑事责任吗？

《森林法》第二十条第二款规定，"农村居民在房前屋后、自留地、自留山种植的林木，归个人所有"。因此，您在自留地上种植的林木归您所有，同村村民砍伐归您所有的林木，侵害了您的物权。

《民法典》第一百二十条规定："民事权益受到侵害的，被侵权人有权请求侵权人承担侵权责任。"第二百三十七条规定："造成不动产或者动产毁损的，权利人可以依法请求修理、重作、更换或者恢复原状。"第二百三十八条规定："侵害物权，造成权利人损害的，权利人可以依法请求损害赔偿，也可以依法请求承担其他民事责任。"由此可见，您作为被侵权人有权向人民法院提起民事诉讼，请求砍伐您的林木的同村村民承担侵权责任，包括要求其复种或赔偿损失等。根据司法实践情况，法院一般会根据林木被砍伐后的现实状况，结合当地生活水平，以询价或者司法

153

鉴定等方式，综合确定赔偿损失金额。

除此以外，《森林法》第七十六条第一款规定："盗伐林木的，由县级以上人民政府林业主管部门责令限期在原地或者异地补种盗伐株数一倍以上五倍以下的树木，并处盗伐林木价值五倍以上十倍以下的罚款。"因此，您可以告知当地林业局相关情况，由林业局对其进行行政处罚。

值得注意的是，根据《刑法》第三百四十五条以及《最高人民法院关于审理破坏森林资源刑事案件适用法律若干问题的解释》第三条、第四条的规定，如果同村村民擅自砍伐林木的数量较大，立木蓄积五立方米以上、幼树二百株以上或者价值二万元以上，则可能因犯盗伐林木罪而受刑事处罚。

八、土地、林地与村民权益

第64问

农民外出务工或者在城镇落户，还能享受农村的股权分红吗？

《农村集体经济组织法》第四十二条规定："农村集体经济组织当年收益应当按照农村集体经济组织章程规定提取公积公益金，用于弥补亏损、扩大生产经营等，剩余的可分配收益按照量化给农村集体经济组织成员的集体经营性财产收益权份额进行分配。"根据这一规定，村集体对农村集体资产进行管理、经营，获得收益后，农村集体经济组织成员均可以依据集体收益分配制度获得股份分红。

由此可见，确认农村集体经济组织成员身份，是分配集体资产股份的关键因素之一。《农村集体经济组织法》第十一条规定："户籍在或者曾经在农村集体经济组织并与农村集体经济组织形成稳定的权利义务关系，以农村集体经济组织成员集体所有的土地等财产为基本生活保障的居民，为农村集体经济组织成员。"户籍在农村并以农村集体经济组织成员集体所有的土地等财产为基本生活保障的农民工属于农村集体经济组织成员，即使外出务工，也不影响其继续享受村集体的股份分红。如果农民工在城镇落户，其有可能丧失农村集体经济组织成员身份，但并不意味着其一定不能继续享受已获得的集体资产股份的分红。根据《农村集体经济组织法》第十六条第二款规定："农村集体经济组织成员自愿退出的，可以与农村集体经济组织协商获得适当补偿或者在一定期限内保留其已经享有的财产权益，但是不得要求分割集体财产。"目前，有部分村集体规定，户口迁出的不再享受股份分红；也有部分村集体为鼓励村民外出就业而规定即使落户城镇也可依据此前已获得的股份继续享受分红；还有部分村集体将股份进行分类，如分成劳力股和人口股，劳力股终身享有，人口股依据本村户口享有等。因此，落户城镇的农民工是否能够继续享受村集体股份分红，应该根据村集体经济组织民主决策制定的组织章程、集体收益分配制度等具体分析。

八、土地、林地与村民权益

第 65 问

哪些事项要由村民会议决定？我外出务工无法参加村民会议，会议所作决定有效吗？如果决定对我不利，我该怎么做？

根据《村民委员会组织法》的规定，下列事项由村民会议决定：

1.审议村民委员会的年度工作报告，评议村民委员会成员的工作，撤销或者变更不适当的决定。《村民委员会组织法》第二十三条对此作出了明确规定："村民会议审议村民委员会的年度工作报告，评议村民委员会成员的工作；有权撤销或者变更村民委员会不适当的决定；有权撤销或者变更村民代表会议不适当的决定。村民会议可以授权村民代表会议审议村民委员会的年度工作报告，评议村民委员会成员的工作，撤销或者变更村民委员会不适当的决定。"

2.决定涉及村民利益的部分事项。《村民委员会组织法》第二十四条对此作出了明确规定："涉及村民利益的下列事项，经村民会议讨论决定方可办理：（一）本村享受误工补贴的人员及补贴标准;(二)从村集体经济所得收益的使用;(三)本村公益事业的兴办和筹资筹劳方案及建设承包方案;(四)土地承包经营方案;(五)村集体经济项目的立项、承包方案;(六)宅基地的使用方案;(七)征地补偿费的使用、分配方案;(八)以借贷、租赁或者其他方式处分村集体财产;(九)村民会议认为应当由村民会议讨论决定的涉及村民利益的其他事项。村民会议可以授权村民代表会议讨论决定前款规定的事项。法律对讨论决定村集体经济组织财产和成员权益的事项另有规定的,依照其规定。"

3.制定和修改村民自治章程、村规民约。《村民委员会组织法》第二十七条第一款对此作出了明确规定:"村民会议可以制定和修改村民自治章程、村规民约,并报乡、民族乡、镇的人民政府备案。"

如果您因外出务工无法参加村民会议,会议所作决定是否有效呢?对于这个问题的解答,必须了解清楚村民会议的召集、组成和表决方式。《村民委员会组织法》第二十二条第一款规定:"召开村民会议,应当有本村十八周岁以上村民的过半数,或者本村三分之二以上的户的代表参加,村民会议所作决定应当经到会人员的过半数通过。法律对召开村民会议及作出决定另有规定的,依照其规定。"由此可见,除法律另有规定外,村民会议不

八、土地、林地与村民权益

需要全体村民参加，只需要本村十八周岁以上村民的过半数，或者本村三分之二以上的户的代表参加即可。同时，村民会议的决定也不需要全体村民表决通过，只需要到会人员的过半数通过即可。因此，即使您因外出务工无法参加会议，村民会议也可以依法召集、讨论、表决，所作出的决定除违反法律、行政法规的强制性规定或公序良俗等无效情形外，均属有效决定，您作为村民应当尊重决定并积极遵守。

如果村民会议的决定对自己不利，可以怎么做？根据《村民委员会组织法》第二十七条第二款、第三款规定："村民自治章程、村规民约以及村民会议或者村民代表会议的决定不得与宪法、法律、法规和国家的政策相抵触，不得有侵犯村民的人身权利、民主权利和合法财产权利的内容。村民自治章程、村规民约以及村民会议或者村民代表会议的决定违反前款规定的，由乡、民族乡、镇的人民政府责令改正。"因此，如果您认为村民会议的决定侵害了您的人身权利、民主权利、合法财产权利，您可以要求乡级人民政府作出处理。

九、民间借贷

导读

您是否认为，借款利率可以随意约定？您是否认为，借款时没有约定利息就没法主张利息了？您是否认为，所有借款都属于夫妻共同债务？然而，法律规定并非如此。

首先，您需要学习以下法律常识：

1.根据现行的《最高人民法院关于审理民间借贷案件适用法律若干问题的规定》，本编所指的民间借贷，是指自然人、法人和非法人组织之间进行资金融通的行为。您向银行等金融机构进行贷款不属于民间借贷，本编不讨论此种情形。

2.我国禁止"高利贷"。法律法规对民间借贷的利息利率作了严格限制，无论是借期内利息，还是逾期利息，都不得超过法定最高利率。

3.夫妻关系存续期间的借款并不必然是夫妻共同债务。

接下来，请您带着以上常识进入问答，进一步了解民间借贷纠纷的常见法律问题。

九、民间借贷

第 66 问

我在2023年1月15日借钱给同乡回家过春节，约定利息按月利率2%支付，合法吗？

民间借贷案件随着社会的发展不断出现新情况，我国为适应各种新情况对民间借贷案件所适用的法律进行了多次修正，法律规定所支持的利息也随着法律修正而有所变化。

根据"新法优于旧法"的原则，我们先来看看最新修正且正在适用的法律对民间借贷案件的利息的规定。2020年《最高人民法院关于审理民间借贷案件适用法律若干问题的规定》（以下简称新司法解释）第三十一条规定："本规定施行后，人民法院新受理的一审民间借贷纠纷案件，适用本规定。2020年8月20日之后新受理的一审民间借贷案件，借贷合同成立于2020年8月20日之前，当事人请求适用当时的司法解释计算自合同成立到2020年8月19日的利息部分的，人民法院应予支持；对于自2020年8月20日到借款返还之日的利息部分，适用起诉时本规定的利率保护标准计算。本规定施行后，最高人民法院以前作出的相关司法解释与本规定不一致的，以本规定为准。"

由此可见，利息与民间借贷合同的成立时间有关，详见表9-1。以2020年8月20日为分水岭，一般适用新司法解释的利息规定，只有同时满足以下两个条件，才可以适用2020年8月20日前施行的2015年《最高人民法院关于审理民间借贷案件适用法律若干问题的规定》（以下简称旧司法解释）的利息规定：

1. 借贷合同成立在2020年8月20日前；
2. 主张自借贷合同成立之日起至2020年8月19日的利息。

表9-1　民间借贷利息的法律适用

借贷合同成立时间	利息	
2020年8月20日之前	合同成立之日起至2020年8月19日的利息	可以适用旧司法解释
	2020年8月20日起至返还日的利息	适用新司法解释
2020年8月20日之后	适用新司法解释	

那么，新旧司法解释对利息是如何规定的呢？

新司法解释第二十五条规定："出借人请求借款人按照合同约定利率支付利息的，人民法院应予支持，但是双方约定的利率超过合同成立时一年期贷款市场报价利率四倍的除外。前款所称'一年期贷款市场报价利率'，是指中国人民银行授权全国银行间同业拆借中心自2019年8月20日起每月发布的一年期贷款市场报价利率。"

九、民间借贷

旧司法解释第二十六条规定:"借贷双方约定的利率未超过年利率24%,出借人请求借款人按照约定的利率支付利息的,人民法院应予支持。借贷双方约定的利率超过年利率36%,超过部分的利息约定无效。借款人请求出借人返还已支付的超过年利率36%部分的利息的,人民法院应予支持。"

因此,法院予以支持的法定利息规定,详见表9-2。

表9-2 法院支持的民间借贷的法定利息

借贷合同成立时间	利息	
2020年8月20日之前	合同成立之日起至2020年8月19日的利息	约定的年利率不超过24%的部分,应予支持
	2020年8月20日起至返还日的利息	约定的年利率不超过合同成立时一年期贷款市场报价利率4倍的,应予支持
2020年8月20日之后	约定的年利率不超过合同成立时一年期贷款市场报价利率4倍的,应予支持	

您于2023年1月15日借钱给同乡,即借贷合同成立于2020年8月20日之后,因此,您约定的利率不应超过合同成立时一年期贷款市场报价利率的4倍。通过在中国人民银行网站对利率政策进行查询,得知2023年1月15日时一年期贷款市场报价利率为3.8%,4倍即为15.2%。您约定的月利率为2%,即年利率为24%(2%×12),超过合同成立时一年期贷款市场报价利率4倍

（15.2%），因此，对于您向法院主张的利息，年利率15.2%以内的利息合法，法院应予支持，超过年利率15.2%的利息不合法，法院将不予支持。

九、民间借贷

第 67 问

我借钱给同乡时仅约定要给利息，但没有约定利息计算方式，我向法院主张借期内利息会被支持吗？

《最高人民法院关于审理民间借贷案件适用法律若干问题的规定》第二十四条规定："借贷双方没有约定利息，出借人主张支付利息的，人民法院不予支持。自然人之间借贷对利息约定不明，出借人主张支付利息的，人民法院不予支持。除自然人之间借贷的外，借贷双方对借贷利息约定不明，出借人主张利息的，人民法院应当结合民间借贷合同的内容，并根据当地或者当事人的交易方式、交易习惯、市场报价利率等因素确定利息。"

针对这个问题，要按以下步骤进行分析：

第一步，有无约定利息。如果双方没有约定利息，人民法院将不支持支付利息；如果有约定利息，就要到第二步，看利息的约定情况。

第二步，有无明确的利息约定。如果双方对利息有明确约定，例如，有明确利率等利息计算方式，则不超过法定最高利率的利息部分，人民法院应予支持，法定最高利率的规定详见"第66问 我在2023年1月15日借钱给同乡回家过春节，约定利息按月利率2%支付，合法吗？"的讲解；如果双方对利息没有明确约定，就要到第三步，根据民间借贷发生对象的情形进行分析。

第三步，民间借贷发生的对象。如果是自然人之间的民间借贷，且对利息没有明确约定，则法院不支持支付利息；如果不是自然人之间的民间借贷，例如，是自然人和法人之间、自然人和非法人组织之间、法人之间、法人和非法人组织之间、非法人组织之间的民间借贷，对借贷利息没有明确约定的，如出借人主张利息，法院会结合民间借贷合同的内容，并根据当地或者当事人的交易方式、交易习惯、市场报价利率等因素确定利息。

综上步骤，从第一步来看，您和同乡之间有约定要支付利息，所以需到第二步看有无对利息进行明确约定。由于您和同乡之间仅约定要支付利息，但没有明确约定利息计算方式，属于利息约定不明的情形，应到第三步看借贷关系发生的对象。由于您和同乡之间的借贷属于自然人之间的借贷，且利息约定不明，因此，您主张利息，法院不会支持。

九、民间借贷

第 68 问

我借钱给同乡时没有约定任何利息利率，现因同乡逾期还款，我向法院主张逾期利息会被支持吗？

《民法典》第六百七十六条规定："借款人未按照约定的期限返还借款的，应当按照约定或者国家有关规定支付逾期利息。"因此，您借钱给同乡，同乡逾期还款的，您可以主张逾期利息。那么，您如何主张逾期利息呢？

《最高人民法院关于审理民间借贷案件适用法律若干问题的规定》第二十八条规定："借贷双方对逾期利率有约定的，从其约定，但是以不超过合同成立时一年期贷款市场报价利率四倍为限。未约定逾期利率或者约定不明的，人民法院可以区分不同情况处理：（一）既未约定借期内利率，也未约定逾期利率，出借人主张借款人自逾期还款之日起参照当时一年期贷款市场报价利率标准计算的利息承担逾期还款违约责任的，人民法院应予支持；（二）约定了借期内利率但是未约定逾期利率，出借人主张借款人自逾期还款之日起按照借期内利率支付资金占用期间利息

169

的，人民法院应予支持。"

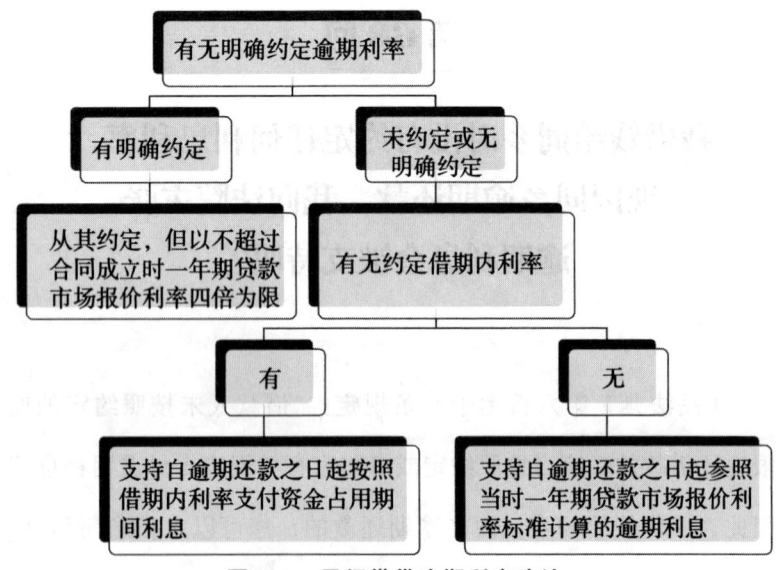

图9-1 民间借贷逾期利率确认

根据上述法律法规分析，由于您和您的同乡没有约定逾期利率，且没有约定借期内利率，因此，如果您向法院主张判决同乡向您支付自逾期还款之日起参照当时一年期贷款市场报价利率标准计算的利息，法院应予支持。

九、民间借贷

第 69 问

我借钱给同乡时没有约定还款时间，怎么办？

《民法典》第六百七十五条规定："借款人应当按照约定的期限返还借款。对借款期限没有约定或者约定不明确，依据本法第五百一十条的规定仍不能确定的，借款人可以随时返还；贷款人可以催告借款人在合理期限内返还。"

《民法典》第五百一十条规定："合同生效后，当事人就质量、价款或者报酬、履行地点等内容没有约定或者约定不明确的，可以协议补充；不能达成补充协议的，按照合同相关条款或者交易习惯确定。"

图9-2 民间借贷还款期限确认

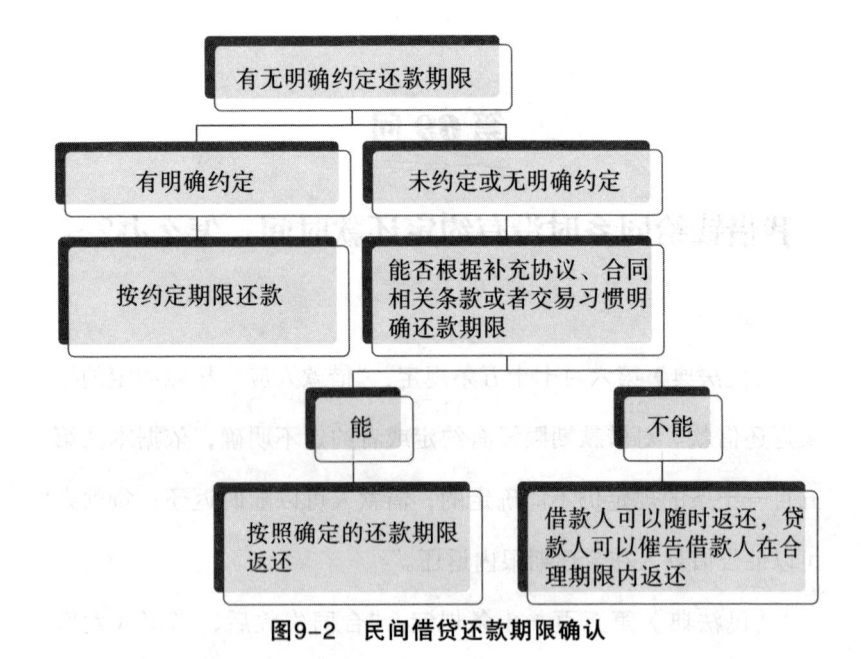

综上所述,如果您在借钱给同乡时没有约定还款时间,您可以与同乡协商对还款期限达成补充协议,并可要求同乡按照补充协议确定的还款期限还款。如果无法达成补充协议,可以按照合同相关条款或者交易习惯确定,如借款合同约定"在借款人收到2月份工资当日还款",则可以根据该条款确定还款日期。如果按照合同相关条款或者交易习惯仍无法确定还款日期,您可以随时向同乡提出还款要求,并给予同乡一定的还款期限,如限同乡自收到您的还款通知之日起七日内还清款项。

九、民间借贷

第 70 问

我借款给同乡，但只有转账凭证，没有借条，我可以起诉要求同乡还款吗？

《最高人民法院关于审理民间借贷案件适用法律若干问题的规定》第十六条规定："原告仅依据金融机构的转账凭证提起民间借贷诉讼，被告抗辩转账系偿还双方之前借款或者其他债务的，被告应当对其主张提供证据证明。被告提供相应证据证明其主张后，原告仍应就借贷关系的成立承担举证责任。"

由此可见，即使您只有银行转账凭证，也可以向法院提起民间借贷诉讼，要求您的同乡还款。如果其能够提供证据证明银行转账记录并非您起诉的本次借贷款项，则您的诉讼请求有可能被驳回。但您仍可以继续列举证据，以反驳其抗辩理由并证明您主张的借贷关系成立，使法院最终支持您的诉讼请求。

例如，您向法院主张，您于2023年1月1日向同乡转账五万元系您借给同乡的款项，要求同乡予以返还，但您的同乡列举了买卖合同、收据底联等证据，证明该五万元实际上是您向同乡购买家具所支付的款项，如您无法提交其他证据证明该五万元并非同乡抗辩所称的"家具购买款",则法院将难以支持您的诉讼请求;如您能继续提交微信聊天记录、通话录音等证据,证明"家具购买款"已另外支付,该五万元正是您出借给同乡的借款,则法院仍有可能依据查明的事实,认可您的诉讼请求,判决您的同乡向您返还五万元借款。

九、民间借贷

第71问

同乡在婚内向我借钱，我能以属于夫妻共同债务为由要求同乡和同乡的妻子共同向我还款吗？

《民法典》第一千零六十四条规定："夫妻双方共同签名或者夫妻一方事后追认等共同意思表示所负的债务，以及夫妻一方在婚姻关系存续期间以个人名义为家庭日常生活需要所负的债务，属于夫妻共同债务。夫妻一方在婚姻关系存续期间以个人名义超出家庭日常生活需要所负的债务，不属于夫妻共同债务；但是，债权人能够证明该债务用于夫妻共同生活、共同生产经营或者基于夫妻双方共同意思表示的除外。"

《最高人民法院关于适用〈中华人民共和国民法典〉婚姻家庭编的解释（一）》第三十四条规定："夫妻一方与第三人串通，虚构债务，第三人主张该债务为夫妻共同债务的，人民法院不予支持。夫妻一方在从事赌博、吸毒等违法犯罪活动中所负债务，第三人主张该债务为夫妻共同债务的，人民法院不予支持。"

因此，您的同乡在婚姻关系存续期间向您借钱所形成的债务，不一定属于其与其妻子的夫妻共同债务，符合以下情形的才属于夫妻共同债务，您可以要求同乡及其妻子共同还款：

1.同乡为家庭日常生活需要借款的，如同乡借款用于为其子女缴纳学费等；

2.同乡超出家庭生活需要借款的，但您有证据证明该借款用于其夫妻共同生活、共同生产经营的，如同乡借款用于购买夫妻共同居住的房产等；

3.无论是否超出家庭生活需要借款，您有证据证明同乡及其妻子对借款或还款系基于夫妻共同意思表示的，如同乡及其妻子共同在借款合同、借条、债务结算清单中签名，或者其妻子通过书面、微信、通话等形式向您表示对债务知情并愿意承担债务。

但是，如果该借贷关系是您和同乡串通、虚构的，或者同乡向您借款用于赌博、吸毒等违法犯罪活动，则所形成的债务不属于夫妻共同债务。

十、房屋租赁

导读

您是否认为，租房时出租人可以随意决定租不租、租多久？您是否认为，您退租时一定能拿回押金？然而，法律规定并非如此。

首先，您需要学习以下法律常识：

1. 房屋的租赁期限最长一次不得超过二十年。

2. 出租人不得随意反悔拒租，否则需要承担违约责任。

3. 押金退不退、如何退、退多少要看租赁合同的有效约定。

接下来，请您带着以上常识进入问答，进一步了解租房常见法律问题。

十、房屋租赁

第 72 问

如果我将农村闲置的房屋出租，最长可以出租多少年？

《民法典》第七百零五条规定："租赁期限不得超过二十年。超过二十年的，超过部分无效。租赁期限届满，当事人可以续订租赁合同；但是，约定的租赁期限自续订之日起不得超过二十年。"《中央农村工作领导小组办公室、农业农村部关于进一步加强农村宅基地管理的通知》规定："城镇居民、工商资本等租赁农房居住或开展经营的，要严格遵守合同法[1]的规定，租赁合同的期限不得超过二十年。合同到期后，双方可以另行约定。"由此可见，《中央农村工作领导小组办公室、农业农村部关于进一步加强农村宅基地管理的通知》中关于农房的租赁期限规定与《民法典》对租赁期限的规定一致，如果您因外出务工需要将农村闲置的房屋出租，最长可以一次性出租二十年，期满可以另行约定续租。

---

[1] 现为《民法典》。

第 73 问

房东收取租房定金后反悔拒租的，我可以要求房东退回定金吗？

《民法典》第五百八十六条规定："当事人可以约定一方向对方给付定金作为债权的担保。定金合同自实际交付定金时成立。定金的数额由当事人约定；但是，不得超过主合同标的额的百分之二十，超过部分不产生定金的效力。实际交付的定金数额多于或者少于约定数额的，视为变更约定的定金数额。"第五百八十七条规定："债务人履行债务的，定金应当抵作价款或者收回。给付定金的一方不履行债务或者履行债务不符合约定，致使不能实现合同目的的，无权请求返还定金；收受定金的一方不履行债务或者履行债务不符合约定，致使不能实现合同目的的，应当双倍返还定金。"

因此，房东作为租赁合同的收受定金方，反悔拒租，导致租赁合同无法继续履行的，您不仅可以要求房东退回您的定金，还可以按照定金罚则要求房东多退一倍定金给您，即您可获得双倍定金。

十、房屋租赁

另外，需要注意的是，定金与订金、押金等不同，定金性质应由合同双方明确约定，如果没有明确约定定金性质，则不能适用定金罚则。

第 74 问

我在征得出租人同意后，对出租屋进行了装修装饰，退租时我能将可拆分的装饰物品带走吗？

《民法典》第七百一十五条以及《最高人民法院关于审理城镇房屋租赁合同纠纷案件具体应用法律若干问题的解释》第八条、第九条、第十条、第十一条对承租人在租赁房屋中装饰装修的，在租赁合同解除或租赁合同届满时应如何处理的问题进行了详尽的规定。其中，笔者以装饰装修是否经出租人同意、是否形成附合为参考，根据法律法规，对相关内容进行了整理，详见表10-1。

十、房屋租赁

表10-1　房屋租赁合同解除或届满时，装饰装修物的处理

是否经出租人同意	是否形成附合	租赁期限届满时处理方式	合同解除时处理方式
是	否	有约定从约定。没约定的，可由承租人拆除。因拆除造成房屋毁损的，承租人应当恢复原状	
是	是	承租人请求出租人补偿附合装饰装修费用的，不予支持。但当事人另有约定的除外	有约定从约定，没约定的按以下情形处理：（1）因出租人违约导致合同解除，承租人请求出租人赔偿剩余租赁期内装饰装修残值损失的，应予支持；（2）因承租人违约导致合同解除，承租人请求出租人赔偿剩余租赁期内装饰装修残值损失的，不予支持。但出租人同意利用的，应在利用价值范围内予以适当补偿；（3）因双方违约导致合同解除，剩余租赁期内的装饰装修残值损失，由双方根据各自的过错承担相应的责任；（4）因不可归责于双方的事由导致合同解除的，剩余租赁期内的装饰装修残值损失，由双方按照公平原则分担。法律另有规定的，适用其规定

续表

是否经出租人同意	是否形成附合	租赁期限届满时处理方式	合同解除时处理方式
否	是	装饰装修发生的费用，由承租人负担。出租人请求承租人恢复原状或者赔偿损失的，人民法院应予支持	
	否		

那么，装饰装修物是否形成附合应如何确定呢？装饰装修物已与房屋结合在一起非毁损不可分离或者分离需花费巨大，可以认定形成附合，如铺设地板、粉刷墙壁等。装饰装修物与房屋未完全结合尚未达到不可分离状态，则不能认定形成附合，如安装的窗帘、电灯等。依照添附理论，对于未形成附合的装饰装修物，不能产生所有权变动的法律后果，其所有权仍然属于承租人。

综上所述，您在征得出租人同意后对出租屋进行了装饰，在租赁期限届满退租时，如果您和出租人对可拆分的装饰物品的所有权进行约定，则从其约定；如果没有约定，则您可以将可拆分的装饰物品带走。但是，如果您因拆除可拆分的装饰物品造成出租屋毁损，您应当恢复原状。

十、房屋租赁

第 75 问

二房东欠租，房东要我腾退怎么办？

针对该情形，您可以根据是否继续租赁而作不同处理。

如果您想继续租赁，可尝试以下处理方式：

《民法典》第七百一十九条规定："承租人拖欠租金的，次承租人可以代承租人支付其欠付的租金和违约金，但是转租合同对出租人不具有法律约束力的除外。次承租人代为支付的租金和违约金，可以充抵次承租人应当向承租人支付的租金；超出其应付的租金数额的，可以向承租人追偿。"

那么，哪些情形下转租合同对出租人具有法律约束力呢？根据《民法典》第七百一十六条、第七百一十七条以及第七百一十八条的规定，转租合同对出租人具有法律约束力需同时符合以下情形：

1.出租人同意转租，其中包括：

（1）承租人经出租人同意转租，例如，房东和二房东在租赁合同中明确同意转租、房东在二房东与您的租赁合同上加同意转租意见并签章等。

（2）出租人知道或应当知道承租人转租，但在6个月内未提出异议，例如，您在租赁房屋外墙悬挂显著招牌超过6个月等。

2.转租期限不超过出租人租赁给承租人的租赁期限，例如，房东和二房东约定租期为2021年1月1日至2025年12月31日，则二房东转租给您时，租期不得超过2025年12月31日。

综上所述，如果您想要继续租赁，可以代二房东向房东支付租金的方式对抗房东的腾退要求，且您代付的租金可用于冲抵您应向二房东支付的租金。但是，代付租金的方式只有在转租合同对出租人即房东具有法律约束力时才可适用。

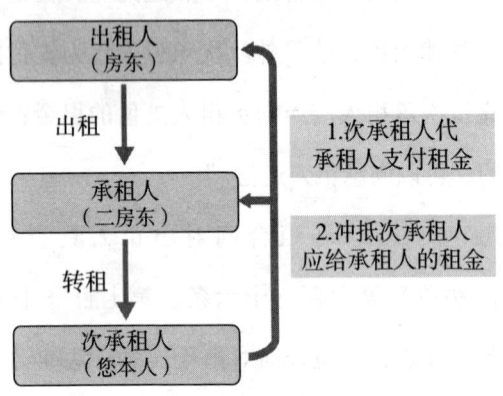

图10-1 次承租人代付租金

如果您不想继续租赁，可尝试以下处理方式：

《民法典》第五百六十三条第一款规定："有下列情形之一的，当事人可以解除合同……（四）当事人一方迟延履行债务或者有其他违约行为致使不能实现合同目的……"第五百六十六条

十、房屋租赁

第一款、第二款规定:"合同解除后,尚未履行的,终止履行;已经履行的,根据履行情况和合同性质,当事人可以请求恢复原状或者采取其他补救措施,并有权请求赔偿损失。合同因违约解除的,解除权人可以请求违约方承担违约责任,但是当事人另有约定的除外。"

二房东拖欠房东租金,导致房东要求解除其与二房东的租赁合同并要求您腾退的,二房东已因自身违约致使您与二房东的租赁合同不能实现合同目的,故您可以解除租赁合同,并要求二房东承担违约责任,如因此对您造成其他损失,您还可以要求二手房东向您赔偿损失。

第 76 问

我因更换工作地点提前退租，房东因此不退押金合法吗？

《民法典》第一百四十三条规定："具备下列条件的民事法律行为有效：（一）行为人具有相应的民事行为能力；（二）意思表示真实；（三）不违反法律、行政法规的强制性规定，不违背公序良俗。"第五百零九条第一款、第二款规定："当事人应当按照约定全面履行自己的义务。当事人应当遵循诚信原则，根据合同的性质、目的和交易习惯履行通知、协助、保密等义务。"

由于我国法律法规并未对"押金"进行明确的规范，因此，在法律没有规制的情形下，押金退不退、如何退、退多少，都应以租赁合同的约定为依据，只要租赁合同对押金的约定符合《民法典》第一百四十三条的规定则有效，您和房东都应该遵循诚信原则，履行合同。

因此，如果您和房东的租赁合同中约定了退租即退押金，或者没有约定提前退租需要扣除押金作为违约金，则无论是否提前退租，房东都应该向您退押金；如果租赁合同中约定提前退租需要扣除押金作为违约金，则房东有权不退押金。

十、房屋租赁

第 77 问

向房屋中介预交中介费后没租到房，我能要求退中介费吗？

《民法典》第九百六十三条规定："中介人促成合同成立的，委托人应当按照约定支付报酬。对中介人的报酬没有约定或者约定不明确，依据本法第五百一十条的规定仍不能确定的，根据中介人的劳务合理确定。因中介人提供订立合同的媒介服务而促成合同成立的，由该合同的当事人平均负担中介人的报酬。中介人促成合同成立的，中介活动的费用，由中介人负担。"第九百六十四条规定："中介人未促成合同成立的，不得请求支付报酬；但是，可以按照约定请求委托人支付从事中介活动支出的必要费用。"

房屋中介作为中介人向您提供、介绍房屋租赁的机会和信息，并促成您与出租人达成租赁合同。如果房屋中介促成租赁合同，则房屋中介有权按照约定，向您和出租人各收取50%的中介费；如果没有促成租赁合同、您没有租到房，则房屋中介不得要求您支付中介费，故您有权要求房屋中介将其预收的中介费退还给您，但是，如果您和房屋中介约定由您支付从事中介活动产生的必要费用，如带您看房时产生的交通费等，则即使房屋中介没有促成交易，您仍应按约定支付。

十一、婚姻家庭

导读

您是否认为,两个人一起生活就是夫妻,长期分居便可离婚?您是否认为,夫妻双方谁赚的钱就归谁所有?您是否认为,只有一直在农村照顾老人的人才可以继承老人的遗产?然而,法律规定并非如此。

首先,您需要学习以下法律常识:

1.1994年2月1日以前,男女双方符合结婚实质要件的,即使没有办理结婚登记,也视为事实婚姻,双方的人身关系、财产关系均按夫妻处理;1994年2月1日起,男女双方只有办理结婚登记的才可成为夫妻,双方符合结婚实质要件但没有办理或补办结婚登记的,按同居关系处理。

2.离婚有登记离婚和诉讼离婚两种途径,其中,法律对可判决准予离婚的情形有严格规定。

3.一般而言,在夫妻关系存续期间形成的财产属于夫妻共同财产,但法律另有规定的除外。

4.继承分为法定继承和遗嘱继承,某些情形下还可能涉及遗赠。

接下来,请您带着以上常识进入问答,进一步了解婚姻家庭中的常见问题。

十一、婚姻家庭

第78问

在外务工时结婚或离婚，是否一定要回乡才能办理登记手续？

《婚姻登记条例》第四条第一款规定："内地居民结婚，男女双方应当共同到一方当事人常住户口所在地的婚姻登记机关办理结婚登记。"第十条第一款规定："内地居民自愿离婚的，男女双方应当共同到一方当事人常住户口所在地的婚姻登记机关办理离婚登记。"

2023年5月12日发布的《国务院关于同意扩大内地居民婚姻登记"跨省通办"试点的批复》规定："一、同意扩大内地居民婚姻登记'跨省通办'试点。调整后，在北京、天津、河北、内蒙古、辽宁、上海、江苏、浙江、安徽、福建、江西、山东、河南、湖北、广东、广西、海南、重庆、四川、陕西、宁夏等21个省（自治区、直辖市）实施结婚登记和离婚登记'跨省通办'试点。二、在试点地区，相应暂时调整实施《婚姻登记条例》第四条第一款、第十条第一款的有关规定（目录附后）。调整后，双方均非本地户籍的婚姻登记当事人可以凭一方居住证和双方户口

193

簿、身份证，在居住证发放地婚姻登记机关申请办理婚姻登记，或者自行选择在一方常住户口所在地办理婚姻登记。三、试点期为自批复之日起2年。"

综上所述，在2023年5月12日至2025年5月11日期间，您和您的配偶计划办理结婚或离婚登记的，如果你们的工作地是"跨省通办"的试点地区，即使你们均非工作地户籍，则除了共同到一方常住户口所在地婚姻登记机关办理手续外，还可以凭一方在工作地的居住证和双方的户口簿、身份证，在居住证发放地婚姻登记机关申请办理婚姻登记。如果你们的工作地在试点地区外，而你们需要办理结婚或离婚登记手续，则只能共同到一方常住户口所在地婚姻登记机关办理。

十一、婚姻家庭

第 79 问

我长期在外务工与配偶分居,是否分居超过两年就可以离婚?

根据《民法典》的规定,夫妻离婚有两种方式,一种是到婚姻登记机关登记离婚;另一种是到人民法院提起离婚诉讼。接下来,我们需要进一步了解这两种离婚方式。

到婚姻登记机关登记离婚由《民法典》第一千零七十六条、第一千零七十七条以及第一千零七十八条进行规范,办理离婚登记流程如下:

申请离婚登记
夫妻双方签订书面离婚协议,并亲自到婚姻登记机关申请离婚登记

三十日"冷静期"
自婚姻登记机关收到离婚登记申请之日起三十日内,任一方不愿意离婚的,可以撤回离婚登记申请

申请发给离婚证
"冷静期"满后三十日内,双方亲自到婚姻登记机关申请发给离婚证;未申请的,视为撤回离婚登记申请

> **发给离婚证**
> 婚姻登记机关查明双方确实是自愿离婚,并对子女抚养、财产以及债务处理等事项协商一致的,予以登记,发给离婚证

图11-1 办理离婚登记流程

到人民法院诉讼离婚由《民事诉讼法》以及《民法典》第一千零七十九条进行规范,诉讼离婚流程如下:

> **提起民事诉讼**
> 一方提交起诉状、证据等立案材料到人民法院起诉

> **受理与立案**
> 对符合《民事诉讼法》第一百二十二条的起诉,必须受理;符合起诉条件的,应当在七日内立案,并通知当事人

> **庭前调解**
> 人民法院审理离婚案件,应当进行调解

> **审理及裁判**
> 1.感情确已破裂,调解无效的,应当准予离婚;
> 2.符合应当准予离婚情形的,判决准予离婚;
> 3.一方被宣告失踪,另一方提起离婚诉讼的,应当准予离婚;
> 4.经人民法院判决不准离婚后,双方又分居满一年,一方再次起诉离婚的,应当准予离婚

图11-2 诉讼离婚流程

哪些情形属于应当准予离婚的情形呢?《民法典》第一千零七十九条第三款规定:"有下列情形之一,调解无效的,应当准予离婚:(一)重婚或者与他人同居;(二)实施家庭暴力或者虐

待、遗弃家庭成员；（三）有赌博、吸毒等恶习屡教不改；（四）因感情不和分居满二年；（五）其他导致夫妻感情破裂的情形。"

综上所述，离婚只有登记离婚和诉讼离婚两种方式，没有分居两年自动离婚这一方式。如果您和您的配偶双方自愿离婚，无论是否分居超过两年，均可以共同办理离婚登记手续；如果不愿意或无法登记离婚，可以诉讼离婚。

而在离婚诉讼中，分居超过两年可以成为您证明夫妻感情破裂的情形，但除双方均同意离婚外，法院仍会综合其他情形来认定感情是否破裂、是否应判决离婚。

第 80 问

我外出务工赚钱养家，配偶在村里带娃没有收入，我的工资是我的个人财产吗？

我们先来了解一下法律对夫妻共同财产和个人财产的范围的规定。根据《民法典》第一千零六十二条、第一千零六十三条以及《最高人民法院关于适用〈中华人民共和国民法典〉婚姻家庭编的解释（一）》第二十四条至第三十条的规定，夫妻共同财产和夫妻个人财产的范围，详见表11-1。

表11-1　夫妻共同财产和夫妻个人财产的范围

夫妻共同财产	夫妻个人财产
夫妻在婚姻关系存续期间所得的下列财产，为夫妻的共同财产，归夫妻共同所有： （1）工资、奖金、劳务报酬； （2）生产、经营、投资的收益； （3）知识产权收益，即实际取得或者已经明确可以取得的财产性收益； （4）继承或者受赠的财产，确定只归一方的除外；	下列财产为夫妻一方的个人财产： （1）一方的婚前财产； （2）一方因受到人身损害获得的赔偿或者补偿； （3）遗嘱或者赠与合同中确定只归一方的财产； （4）一方专用的生活用品；

十一、婚姻家庭

续表

（5）一方以个人财产投资取得的收益； （6）双方实际取得或者应当取得的住房补贴、住房公积金； （7）双方实际取得或者应当取得的基本养老金、破产安置补偿费； （8）一方个人财产在婚后产生的收益，孳息和自然增值除外； （9）由一方婚前承租、婚后用共同财产购买的，登记在一方名下的房屋； （10）结婚前，父母明确表示赠与双方的，为双方购置房屋的出资； （11）结婚后，父母没有约定赠与自己子女个人或者约定不明确，为双方购置房屋的出资； （12）双方经书面约定由夫妻共同所有的婚姻关系存续期间所得的财产以及婚前财产； （13）其他应当归共同所有的财产	（5）一方个人财产在婚后产生的孳息和自然增值； （6）结婚前，父母为双方购置房屋的出资，但父母明确表示赠与双方的除外； （7）结婚后，父母明确约定赠与自己子女个人的，为双方购置房屋的出资； （8）军人的伤亡保险金、伤残补助金、医药生活补助费； （9）其他应当归一方的财产

由此可见，财产是否属于夫妻共同共有，应考虑财产是否在夫妻关系存续期间获得、是否具有人身属性，还应考虑各方在财产获得过程中的付出，该付出可以是显性的，如一方直接赚钱等，也可以是隐性的，如一方维持家庭稳定等。

因此，在夫妻关系存续期间，您的工资虽然是由您在外出工作期间赚得的，但应属于夫妻共同财产，而不是您的个人财产。

199

第 81 问

我和我的配偶外出务工，由谁监护在农村留守的子女？

《民法典》第二十六条第一款规定："父母对未成年子女负有抚养、教育和保护的义务。"第二十七条第一款规定："父母是未成年子女的监护人。"根据《未成年人保护法》第二十一条的规定："未成年人的父母或者其他监护人不得使未满八周岁或者由于身体、心理原因需要特别照顾的未成年人处于无人看护状态，或者将其交由无民事行为能力、限制民事行为能力、患有严重传染性疾病或者其他不适宜的人员临时照护。未成年人的父母或者其他监护人不得使未满十六周岁的未成年人脱离监护单独生活。"因此，首先明确的是，您和您的配偶作为父母，是未成年子女的法定监护人，你们负有照护子女的义务，也应该积极履行监护的职责，其中，子女未满八周岁的，不得将其独自留在家里，也不得将其交给法律规定不适宜临时照护子女的人，常见的错误情况有：将未满八周岁的子女交给患有阿尔兹海默病的人照顾。

如果您和您的配偶确实因外出务工而无法照护未成年子女，

十一、婚姻家庭

可否交由其他人照护呢？根据《未成年人保护法》第二十二条第一款规定："未成年人的父母或者其他监护人因外出务工等原因在一定期限内不能完全履行监护职责的，应当委托具有照护能力的完全民事行为能力人代为照护；无正当理由的，不得委托他人代为照护。"由此可见，如你们确因外出务工在一定期限内不能完全履行监护职责的，可以委托具有照护能力的完全民事行为能力人代为照护。

那么，可以委托谁代为照护子女呢？根据《未成年人保护法》第二十二条第二款、第三款的规定："未成年人的父母或者其他监护人在确定被委托人时，应当综合考虑其道德品质、家庭状况、身心健康状况、与未成年人生活情感上的联系等情况，并听取有表达意愿能力未成年人的意见。具有下列情形之一的，不得作为被委托人：（一）曾实施性侵害、虐待、遗弃、拐卖、暴力伤害等违法犯罪行为；（二）有吸毒、酗酒、赌博等恶习；（三）曾拒不履行或者长期怠于履行监护、照护职责；（四）其他不适宜担任被委托人的情形。"因此，你们可以根据上述规定确定符合条件的被委托人，如被委托人有规定的不适宜担任被委托人的情形的，不得委托。

委托代为照护子女，是不是你们和确定的被委托人私下达成一致即可？根据《未成年人保护法》第二十三条的规定："未成年人的父母或者其他监护人应当及时将委托照护情况书面告知未成年人所在学校、幼儿园和实际居住地的居民委员会、村民委员会，加强和未成年人所在学校、幼儿园的沟通；与未成年人、被委托人至少每周联系和交流一次，了解未成年人的生活、学习、心理等情况，并给予未成年人亲情关爱。未成年人的父母或者其他监护人接到被委托人、居民委员会、村民委员会、学校、幼儿园等关于未成年人心理、行为异常的通知后，应当及时采取干预措施。"综上，委托代为照护子女，不是你们和确定的被委托人私下达成一致即可，而是需要你们及时将委托照护情况书面告知子女所在学校、幼儿园和村（居）民委员会。另外，为保护子女的身心健康，给予子女亲情关爱，即使你们委托了他人代为照护子女，你们仍然需要和子女、被委托人，甚至是子女的学校、幼儿园以及村（居）民委员会等保持联系，使留守的子女也能感受到父母的爱意与温暖，例如，经常通过视频、电话以及与学校沟通等方式监督、陪伴子女学习和成长，在子女生病时返乡照顾子女、带子女就医，承担子女的生活开销等。

十一、婚姻家庭

第 82 问

落户城镇可以继承父母在村里的宅基地和房屋吗？

自然资源部在其编制的《宅基地和集体建设用地使用权确权登记工作问答》第三十六问中指出，"非本农民集体经济组织成员（含城镇居民），因继承房屋占用宅基地的，可按规定确权登记，在不动产登记簿及证书附记栏注记'该权利人为本农民集体经济组织原成员住宅的合法继承人'"。另外，自然资源部在《对十三届全国人大三次会议第3226号建议的答复》中，对"关于农村宅基地使用权登记问题"答复如下："农民的宅基地使用权可以依法由城镇户籍的子女继承并办理不动产登记。根据《继承法》①规定，被继承人的房屋作为其遗产由继承人继承，按照房地一体原则，继承人继承取得房屋所有权和宅基地使用权，农村宅基地不能被单独继承。《不动产登记操作规范（试行）》明确规定，非本农村集体经济组织成员（含城镇居民），因继承房屋占

---

① 现为《民法典》。

用宅基地的，可按相关规定办理确权登记，在不动产登记簿及证书附记栏注记'该权利人为本农民集体经济组织原成员住宅的合法继承人'。"

由此可见，如果您的父母身故，并在农村遗留下了宅基地和地上房屋，即使您已落户城镇，仍可以依法继承宅基地的使用权和房屋所有权，并按照相关规定，以农民集体经济组织原成员住宅的合法继承人身份办理确权登记。

十一、婚姻家庭

第 83 问

父亲去世,我还可以继续承包父亲承包的土地并继承父亲承包土地的收益吗?

《农村土地承包法》第三十二条规定:"承包人应得的承包收益,依照继承法[①]的规定继承。林地承包的承包人死亡,其继承人可以在承包期内继续承包。"《最高人民法院关于审理涉及农村土地承包纠纷案件适用法律问题的解释》第二十三条规定:"林地家庭承包中,承包方的继承人请求在承包期内继续承包的,应予支持。其他方式承包中,承包方的继承人或者权利义务承受者请求在承包期内继续承包的,应予支持。"

综上所述,如果您的父亲生前承包土地并有承包收益,除非您的父亲通过遗嘱、遗赠等方式对其承包土地的收益另行分配,否则您作为您父亲的合法继承人,可以在承包期内继续承包土地,并且继承承包收益。

[①] 现为《民法典》。

第 84 问

父亲因病去世，没有遗嘱，兄弟以我长期在外务工为由不让我继承父亲的遗产，合法吗？

《民法典》第一千一百二十三条规定："继承开始后，按照法定继承办理；有遗嘱的，按照遗嘱继承或者遗赠办理；有遗赠扶养协议的，按照协议办理。"《最高人民法院关于适用〈中华人民共和国民法典〉继承编的解释（一）》第三条规定："被继承人生前与他人订有遗赠扶养协议，同时又立有遗嘱的，继承开始后，如果遗赠扶养协议与遗嘱没有抵触，遗产分别按协议和遗嘱处理；如果有抵触，按协议处理，与协议抵触的遗嘱全部或者部分无效。"因此，如果您的父亲没有遗赠扶养协议，也没有遗嘱，则应按照法定继承办理。

遗赠扶养协议 ＞ 遗嘱继承 ＞ 法定继承

图11-3　遗赠扶养协议、遗嘱继承、法定继承的效力

法定继承中，哪些人是继承人呢？《民法典》第一千一百二十七条第一款、第二款规定："遗产按照下列顺序继承：

十一、婚姻家庭

（一）第一顺序：配偶、子女、父母；（二）第二顺序：兄弟姐妹、祖父母、外祖父母。继承开始后，由第一顺序继承人继承，第二顺序继承人不继承；没有第一顺序继承人继承的，由第二顺序继承人继承。"您作为被继承人的子女，与您父亲的父母、配偶、其他子女同属于第一顺序继承人。

第一顺序继承人：配偶、子女、父母　＞　第二顺序继承人：兄弟姐妹、祖父母、外祖父母

图11-4　继承人的顺序

那么，同一顺序继承人之间应该怎么分配遗产呢？《民法典》第一千一百三十条规定："同一顺序继承人继承遗产的份额，一般应当均等。对生活有特殊困难又缺乏劳动能力的继承人，分配遗产时，应当予以照顾。对被继承人尽了主要扶养义务或者与被继承人共同生活的继承人，分配遗产时，可以多分。有扶养能力和有扶养条件的继承人，不尽扶养义务的，分配遗产时，应当不分或者少分。继承人协商同意的，也可以不均等。"第一千一百三十一条规定："对继承人以外的依靠被继承人扶养的人，或者继承人以外的对被继承人扶养较多的人，可以分给适当的遗产。"因此，如果您不同意不均等分配遗产，您和其他第一顺序继承人应当均分您父亲的遗产，但是，您是具有扶养能力和扶养条件的继承人，如果其他继承人确有证据证明您没有对父亲

尽扶养义务，则分配遗产时，您应当不分或者少分；如果您有证据证明您对父亲尽了主要扶养义务，则分配遗产时可以多分。

在这里也提醒其他在外务工的人，为避免其他继承人以您在外务工、没有对父母尽扶养义务为由而主张您应少分或不分遗产，您应该积极承担对父母的扶养义务，经常主动回乡照顾、探望父母、主动陪同生病的父母就医、主动承担扶养父母的费用，扶养父母留存的照片、录像、聊天记录、支付凭证等可作为支持您分得遗产的证据。

овано
十二、争议解决

导读

您是否认为,没钱、不懂法就不能打官司?您是否认为,法律援助、劳动仲裁很难申请?您是否认为,法律知识很难获得?然而,实际上并非如此。

首先,您需要学习以下法律常识:

1.经济困难也可以打官司。根据法律规定,您可以向人民法院申请缓交、减交或者免交诉讼费用。

2.如您需要委托代理人,但又因经济困难无力承担律师费,您可以向法律援助机构申请法律援助。

接下来,请您带着以上常识进入问答,进一步了解农民工在解决争议过程中如何学法、用法、寻求法律援助。

十二、争议解决

第 85 问

农民工被欠薪但没钱打官司，能申请法律援助吗？

《法律援助法》第三十一条规定："下列事项的当事人，因经济困难没有委托代理人的，可以向法律援助机构申请法律援助：（一）依法请求国家赔偿；（二）请求给予社会保险待遇或者社会救助；（三）请求发给抚恤金；（四）请求给付赡养费、抚养费、扶养费；（五）请求确认劳动关系或者支付劳动报酬；（六）请求认定公民无民事行为能力或者限制民事行为能力；（七）请求工伤事故、交通事故、食品药品安全事故、医疗事故人身损害赔偿；（八）请求环境污染、生态破坏损害赔偿；（九）法律、法规、规章规定的其他情形。"

另外，《法律援助法》第四十二条规定："法律援助申请人有材料证明属于下列人员之一的，免予核查经济困难状况：（一）无固定生活来源的未成年人、老年人、残疾人等特定群体；（二）社会救助、司法救助或者优抚对象；（三）申请支付劳动报酬或者请求工伤事故人身损害赔偿的进城务工人员；（四）法律、法规、规章规定的其他人员。"

　　因此，如果您被拖欠工资，要求用人单位支付劳动报酬，且经济困难，您可以向法律援助机构申请法律援助。同时，如果您在申请法律援助时能提交材料证明您属于进城务工人员，法律援助机构还将免予核查您的经济困难状况。

第 86 问

如何申请法律援助？

根据《法律援助法》第四十三条的规定，申请法律援助的流程如下：

申请
申请人向法律援助机构提交申请材料，材料不齐全的，经法律援助机构一次性告知补充材料或要求作出说明后，应及时按要求补充材料或者作出说明，否则视为撤回申请

审查
法律援助机构自收到法律援助申请之日起七日内审查申请人的经济困难状况等材料，部分人员免予被核查经济困难状况

决定
法律援助机构经审查后，对是否给予法律援助作出决定

提供法律援助
法律援助机构决定给予法律援助的，应当自作出决定之日起三日内指派法律援助人员为受援人员提供法律援助

图12-1 申请法律援助流程

应向何地的法律援助机构提交申请材料呢？根据《法律援助

法》第三十八条的规定，如因诉讼事项寻求法律援助，应向办案机关所在地的法律援助机构提出申请；如因非诉讼事项寻求法律援助，应向争议处理机关所在地或者事由发生地的法律援助机构提出申请。您除了线下到法律援助机构现场申请法律援助外，还可以线上申请法律援助，现大部分省市都开通线上申请渠道，例如，您可以登录中国法律服务网（http：//www.12348.gov.cn），进入"求法援"界面，选择对应省份后在线申请法律援助。

您应提交的法律援助申请材料如下：

1.法律援助申请表原件；

2.申请人身份证明材料复印件，原件供核对：身份证、户口簿、户籍证明或其他有效身份证明；

3.申请人经济状况证明原件：由申请人住所地或户籍所在地的乡镇政府、街道办事处或申请人所在单位劳资、人事部门出具；

4.与所申请法律援助事项相关的证明及证据材料；

5.需要提供的其他材料，如属于残疾人，社会救助、司法救助或者优抚对象等证明材料。

注意：以上材料明细仅供参考，具体应以申请材料致送的法律援助机构要求为准。

十二、争议解决

第 87 问

如何申请劳动仲裁？

根据《劳动争议调解仲裁法》第四条、第五条的规定，如发生劳动争议，您可以通过协商、和解、向调解组织申请调解等方式维护自己的权益，也可以直接向劳动争议仲裁委员会申请仲裁。

那么，申请劳动仲裁的流程是怎样的呢？根据《劳动争议调解仲裁法》第二十八条、第二十九条的规定，申请劳动仲裁的流程如下：

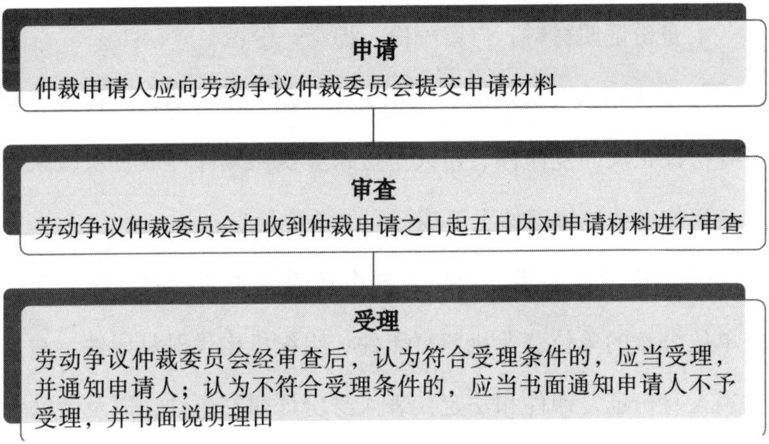

申请
仲裁申请人应向劳动争议仲裁委员会提交申请材料

审查
劳动争议仲裁委员会自收到仲裁申请之日起五日内对申请材料进行审查

受理
劳动争议仲裁委员会经审查后，认为符合受理条件的，应当受理，并通知申请人；认为不符合受理条件的，应当书面通知申请人不予受理，并书面说明理由

图12-2 申请劳动仲裁流程

应向何地的劳动争议仲裁委员会提交申请材料呢？根据《劳动争议调解仲裁法》第二十一条规定，应向劳动合同履行地或者用人单位所在地的劳动争议仲裁委员会申请仲裁。双方当事人分别向劳动合同履行地和用人单位所在地的劳动争议仲裁委员会申请仲裁的，由劳动合同履行地的劳动争议仲裁委员会管辖。

您应提交的劳动仲裁申请材料如下：

1.劳动仲裁申请书原件，自留一份，应提交的份数为被申请人数量+第三人数量+仲裁委员会一份。

2.证据目录原件，自留一份，应提交的份数与劳动仲裁申请书要求一致。

3.证据复印件，自留一份，应提交的份数与劳动仲裁申请书要求一致。注意：开庭时需携带证据原件以进行举证质证。

4.身份证明材料，自留一份，提交一份：

（1）申请人为劳动者、被申请人为用人单位的，应提交劳动者身份证正反面复印件、用人单位营业执照复印件或者从国家企业信用信息系统等网站上下载打印的单位信息；

（2）申请人为用人单位、被申请人为劳动者的，应提交加盖单位公章的单位营业执照复印件、组织机构代码复印件、法定代表人身份证复印件和法定代表人身份证明书原件，以及劳动者身份证正反面复印件、户口簿复印件或者公安户籍信息查册复印件。

（3）如有第三人，还需提交第三人身份证明材料。

（4）如有委托代理人，还需提交委托代理人身份证明材料以及委托授权材料。

5.申请人、被申请人和第三人的送达地址确认书，原件各一份。

6.其他非必需提交材料：财产保全申请书、证据保全申请书、申请证人出庭作证申请书、调查取证申请书等。

注意：以上材料明细仅供参考，具体应以申请材料致送的劳动争议仲裁委员会的要求为准。

第88问

农民工学习法律知识的网站有哪些？

农民工可通过国家或者各省市的人民政府、人民法院、人民检察院、司法、普法、法律服务等网站学习法律知识，其中，各省（区、市）法律服务网均可从中国法律服务网中的链接跳转，表12-1对部分网站[①]进行了列举。

表12-1　学习法律知识的部分网站

网站名称	网址
中国法律服务网 （12348中国法网）	http://www.12348.gov.cn
中华人民共和国 司法部官网 （中国政府法制信息法）	http://www.moj.gov.cn
智慧普法平台 （中国普法网）	http://legalinfo.moj.gov.cn
国家法律法规数据库	https://flk.npc.gov.cn

---

① 最后访问日期：2024年12月6日。

十二、争议解决

续表

网站名称	网址
中华人民共和国最高人民法院官网	https：//www.court.gov.cn/index.html
最高人民法院诉讼服务网	https：//ssfw.court.gov.cn/ssfww/
中华人民共和国人力资源和社会保障部官网	http：//www.mohrss.gov.cn
中国裁判文书网	https：//wenshu.court.gov.cn
中国审判流程信息公开网	https：//splcgk.court.gov.cn/gzfwww/
中国庭审公开网	http：//tingshen.court.gov.cn
人民法院调解平台	http：//tiaojie.court.gov.cn
中国法律援助频道司法部法律援助中心	http：//www.moj.gov.cn/pub/sfbgw/jgsz/jgszzsdw/zsdwflyzzx/index.html
江苏法律服务网	http：//js.12348.gov.cn
广东法律服务网	https：//gd.12348.gov.cn
湖南法律服务网	http：//hn.12348.gov.cn
央视网社会与法频道	https：//tv.cctv.com/live/cctv12/